PENSAR A PRÁTICA

EDUCAÇÃO POPULAR — 1

EDUCAÇÃO POPULAR

1. *Pensar a prática*, 4ª ed.
   Carlos R. Brandão
2. *O povo vai à escola*, 4ª ed.
   Marília P. Sposito
3. *A extensão rural no Brasil* (esg.)
   M. Teresa L. da Fonseca
4. *De camponesa a "madame"* (esg.)
   Olinda M. Noronha
5. *A geografia do aluno trabalhador*, 2ª ed. (esg.)
   Márcia S. Rezende
6. *Educação sindical: entre o conformismo e a crítica* (esg.)
   S. M. Manfredi
7. *De treta contra mutreta*
   José F. de Campos
8. *Da escola carente à escola possível*, 5ª ed.
   Miguel G. Arroyo (org.)
9. *Educação popular: um encontro com P. Freire*
   R. Mª Torres
10. *A luta dos trabalhadores pela escola*, 2ª ed.
    Rogério C. Campos
11. *O rádio dos pobres* (esg.)
    Mª Immacolata V. Lopes
12. *O trabalhador estudante*
    Marília P. Sposito (org.)

CARLOS RODRIGUES BRANDÃO

PENSAR A PRÁTICA

Escritos de viagem e estudos
sobre a educação

Edições Loyola

Edições Loyola
Rua 1822 nº 347 – Ipiranga
04216-000 São Paulo, SP
Caixa Postal 42.335
04218-970 São Paulo, SP
☎ (0**11) 6914-1922
(0**11) 6163-4275
Home page e vendas: www.loyola.com.br
Editorial: loyola@loyola.com.br
Vendas: vendas@loyola.com.br

ISBN: 85-15-**02424**-1

4ª edição: outubro de 2002

O problema não é mudar a "consciência" das pessoas, ou o que elas têm na cabeça, mas o regime político, econômico, institucional de produção da verdade. Não se trata de libertar a verdade de todo sistema de poder — o que seria quimérico na medida em que a própria verdade é poder —, mas de desvencilhar o poder da verdade das formas de hegemonia (sociais, econômicas, culturais) no interior das quais ela funciona no momento.

Michel Foucault

Microfísica do Poder

Aos companheiros do CEDI — *Centro Ecumênico de Documentação e Informação* — pelos muitos anos de trabalho comum, o mesmo que gerou quase tudo o que vai escrito desta página em diante.

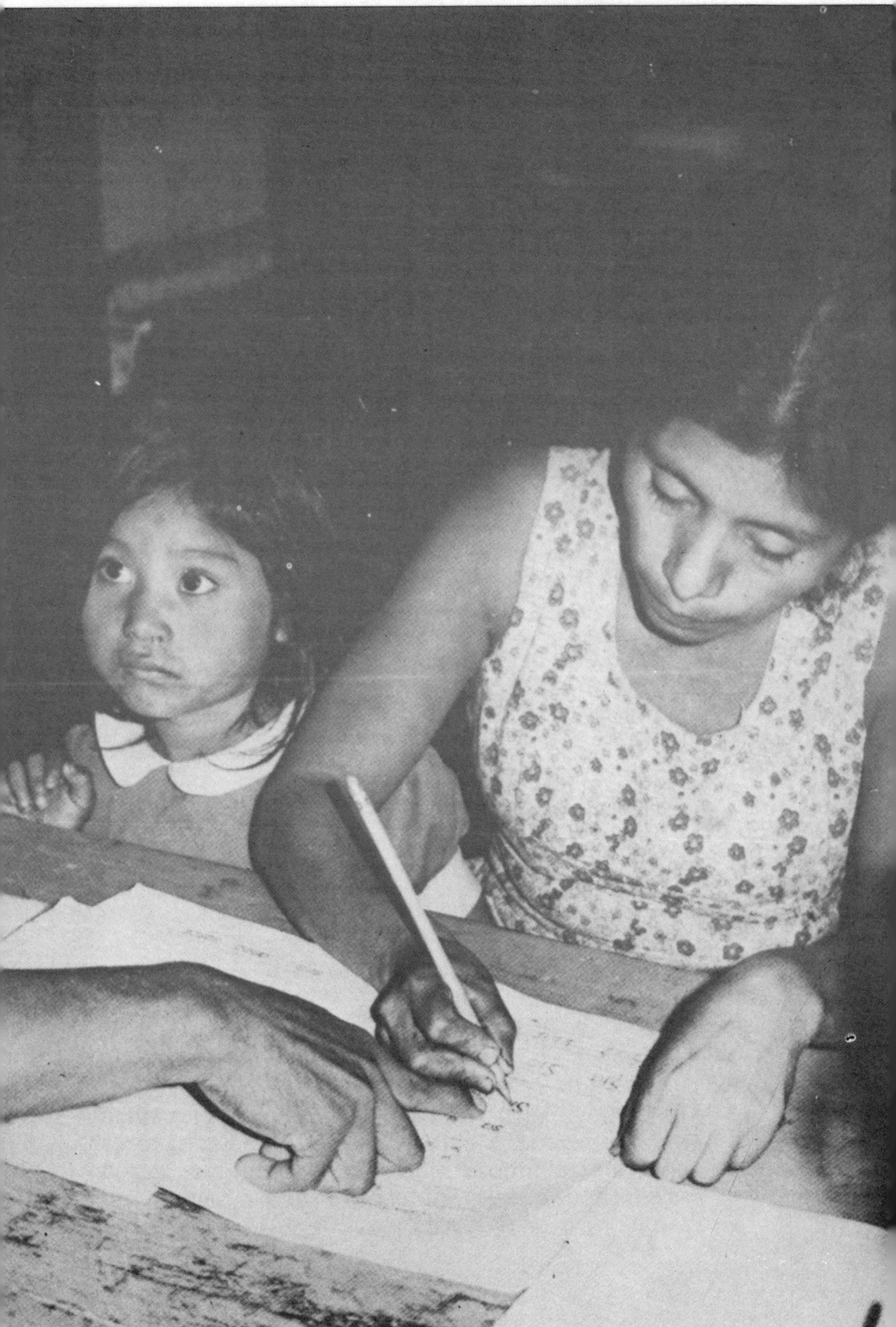

ALGUMAS PALAVRAS

Reuni aqui alguns escritos entre artigos e anotações. Os primeiros foram redigidos entre 1976 e 1983 para revistas de militância, ou para ser discutidos em encontros e seminários. Os segundos são rascunhos de idéias, textos de viagem, alguns deles pensados e redigidos no correr de momentos de presença junto a grupos que realizam trabalhos de educação *rural* e/ou *popular*. O leitor saberá distinguir, na diferença da própria estrutura de cada texto, o instante e a situação em que a sua fala foi vivida.

De propósito eu quis conservar como estavam alguns documentos mais anteriores, cujas idéias hoje estarão certamente ultrapassadas. A partir do mais antigo — *da educação fundamental ao fundamental na educação* —, elaborado com vagar em 1976, até o mais recente — *os caminhos cruzados* —, uma cronologia não muito rigorosa procura dar alguma ordem a este pequeno emaranhado de andanças e anotações de serviço. Ao tempo em que as primeiras foram feitas, percorrendo direções diferentes, alternativas de trabalho através da *educação popular* voltavam a tomar, ou a reconquistar, velhos e novos espaços na prática política de vários tipos de grupos e movimentos sociais. Voltavam a ser, também, um assunto cujo poder de motivar velhos e novos participantes de suas questões e práticas aos poucos se reacendia. Tempos em que, mais do que antes, uma proposta de trabalho pedagógico "com o povo" ressurgia como um tipo de educação *alternativa* e, portanto, oposta a tudo o que parecesse haver nela de *oficial*. Pontos de vista e práticas que hoje começamos a rever.

Não tenho idéias absolutamente estáveis e definitivas sobre o que é descrito e discutido aqui. Algumas afirmações enfáticas correm por conta do calor da hora e do contexto do momento em que foram proferidas. Não me arrependo de muitas, mas não repetiria algumas. Todas elas flutuam ao sabor dos ventos daquilo que vivíamos então, coletivamente, em experiências de igreja, de grupos de estudantes ou de outros intelectuais militantes. Domínios de práticas da sociedade civil que, de um modo ou de outro, têm forçado o próprio poder público a rever — ora como intenção, ora como estratégia — os seus projetos.

Houve um tempo em que sobre a *educação popular* julgávamos possuir coletivamente um repertório sólido de conceitos, métodos e técnicas profeticamente renovadores de tudo o que houve e se fez antes. Hoje sabemos, também coletivamente, que esta, como tantas outras práticas especiais de trabalho político, possui múltiplas faces, de que as mais estáveis e sistematizadas, como a própria *alfabetização*, são apenas uma modalidade e, nem sempre, a mais importante. Da década dos anos 60 para cá envelhecemos palavras, como *conscientização* e criamos outras, como *participação*. Símbolos sonoros de efeito poderoso que, apenas instrumentos de trabalho no momento da gênese, ameaçam sempre tornar-se o mito da prática, ou uma espécie de senha que, aos que sabem pronunciá-la, sugerem poder abrir todas as portas.

Em alguns escritos mais recentes tenho defendido idéias que não são originalmente minhas, mas que ao longo do tempo fui aprendendo com aqueles com quem tive oportunidade de "pensar junto".

Uma das mais importantes características da *educação popular* é o fato de que ela emerge historicamente, onde quer que surja no continente, como um *movimento de educação* ou, se quisermos, como a educação em estado de movimento. Como um momento em que, política, teórica e metodologicamente a educação quer ser uma transgressão de si mesma. Nos primeiros anos da década de 60 ela não apareceu como um desdobramento simples de teorias e métodos de uma *educação de adultos* antecedente, mas como a experiência da possibilidade de sua subversão. Como uma sucessão de movimentos de diferentes tipos de educadores em favor de tornar a educação algo absolutamente diverso daquilo que ela sempre fora. Ao invés de pensá-la como um tipo de atividade profissional competente, destinada a um tipo de ensino compensatório a sujeitos pobres e defasados, ela pretendeu ser uma espécie de re-totalização de todo o sentido da educação, desde um ponto de vista não apenas estrategicamente *popular*, mas historicamente situado como um serviço pedagógico a projetos políticos das classes populares.

Este "ser um movimento", em parte oposto a formas dominantes e consagradas do "fazer a educação", teve uma de suas origens no desvelamento do princípio de que, já que a educação — qualquer que ela seja — possui no seu bojo uma dimensão política que, em muitos momentos, a sua fala e a sua prática lutam por ocultar, nada há que impeça que ela passe a ser, de um momento da história em diante, um trabalho pedagógico diferencialmente posto a serviço de sujeitos e classes populares que, continuamos acreditando, devem participar da condução daquilo que faz a história de um povo tomar este ou aquele rumo.

Por isto mesmo, pelo menos em suas formas mais autônomas ao longo de sua múltipla experiência, a *educação popular* evoluiu de ser vivida como um movimento em si mesmo, dirigido a camponeses, operários e outras categorias de sujeitos populares, para vir a ser um trabalho do educador que, sem projetos preestabelecidos, submete a sua prática às iniciativas de ação política dos movimentos populares.

Campinas, 13 de julho de 1984

Carlos Rodrigues Brandão

SUMÁRIO

Da Educação Fundamental
ao
Fundamental na Educação

Publicado antes em *Proposta, Suplemento 1*, fase, Rio de Janeiro, Setembro 1977. Republicado no cadernos do CEDES 1, 1980.

A CONFUSÃO DOS NOMES

Ora, os nomes são muitos e debaixo deles: *educação popular, educação de base, educação de adultos, educação fundamental, educação comunitária, educação permanente,* há coisas e intenções iguais, semelhantes e até opostas. Neste emaranhado estão escondidas idéias iguais com rótulos diferentes e idéias diferentes com rótulos iguais. Há projetos e sobretudo há propósitos, muitas vezes opostos, que se cobrem das mesmas falas e, com palavras que pela superfície parecem apontar para um mesmo horizonte, procuram envolver as mesmas pessoas, prometendo a elas mudanças nas suas vidas, ou em seus mundos.

As anotações que escrevo daqui em diante misturam diversas práticas que existem no campo da *educação popular;* [1] procuram descrevê-las, tomando-as em conjuntos; tentam classificar alternativas de trabalho educativo e, finalmente, com o exemplo do que acontece agora num canto do país, procuram levantar questões sobre o significado de *práticas sociais* como as da educação popular na sociedade brasileira de hoje. [2]

Pouco antes da II Guerra Mundial apareceram em alguns países da América Latina programas de educação com características muito originais, diante de tudo o que se fazia antes neste ramo de negócios, ou de vocações. Os seus "alunos" são pessoas adultas que escaparam de uma educação regular "de escola" durante a infância e a adolescência. São analfabetos absolutos ou sujeitos semi-alfabetizados. Quase sempre são pessoas das camadas mais pobres da sociedade e vivem no campo ou na periferia das cidades. Os seus educadores têm como objetivo — ou ilusão — modificá-los individual ou coletivamente, através dos efeitos diretos da educação, procurando fazer com que recuperem, como adultos, o que perderam na infância. Estas atualizações deveriam corrigir maneiras de perceber e pensar o mundo, deveriam resolver deficiências de adaptação ao "meio social", deveriam aperfeiçoar habilitações profissionais de trabalho quase sempre braçal. Em síntese, deveriam educar não-educados, integrar marginalizados e ajustar desajustados sociais a sociedades "ainda não inteiramente desenvolvidas" e que, em parte, não se desenvolviam justamente por causa do despreparo pedagógico de sua massa de retaguarda. Alguns defensores mais entusiasmados desses programas pioneiros de educação para adultos imaginavam que, quando todos os alunos adultos fossem alfabetizados e reciclados pela educação, os "males da sociedade" seriam corrigidos.

Por volta dos anos 50 brotaram programas de *educação de adultos* que avançavam alguma coisa dos programas anteriores. Eles eram ainda dedicados a adultos e jovens deixados à margem da educação escolar. A diferença de idéias e de projetos estava em que, agora, a ênfase da esperança da educação era colocada menos sobre mudanças individuais (de cada sujeito educado) e mais sobre os próprios mundos imediatos dos educandos (suas aldeias, seus grupos étnicos ou profissionais, suas instituições de vida, suas comunidades).

Ora, estes mundos a *desenvolver* através *também* da educação, do preparo do povo para o *desenvolvimento*, eram muitas vezes definidos como espaços sociais locais, regionais ou nacionais "em mudança sócio-cultural e econômica". Os educadores aprendiam então com políticos, cientistas sociais e "técnicos de mudança social" o refrão de que: na própria estrutura das relações de base destas "sociedades subdesenvolvidas" havia algumas barreiras colocadas diante de uma "arrancada para o desenvolvimento". Entre elas estavam pessoas, grupos, comunidades que precisavam ser atualizados nos seus modos de saber, de pensar e de agir, de modo a escaparem, através da educação, do marasmo latino, e se tornarem agentes efetivos "do desenvolvimento", pensado em geral de acordo com modelos que nada tinham a ver com as tradições locais de vida e de trabalho tupiniquins.

Partiam estes programas pioneiros da idéia de que era urgente "melhorar", "modificar", "desenvolver", "reformar", "modernizar" estruturas sociais globais ou, pelo menos, as de alguns setores diretamente responsáveis pelos problemas mais graves e mais evidentes do subdesenvolvimento. Partiam também do pressuposto de que "o povo", "as comunidades" deveriam ser convocados a "ajudar", "colaborar", "participar" ou, em alguns casos, "assumir" projetos coletivos de mudanças sociais. Para tanto as pessoas, os grupos e as comunidades precisavam passar também por processos de mudanças de idéias e atitudes. Mudanças pessoais para mudanças sociais era o novo objetivo principal da educação de adultos.

Até hoje algumas pessoas imaginam que os programas setoriais de educação são diferentes uns dos outros por enfatizarem certos objetivos pedagógicos ou sociais, ou por possuírem apenas métodos diferentes, sobre propósitos finais sempre iguais: a instrução básica do cidadão, o desenvolvimento democratizador, a promoção humana. Mas são estes objetivos que fazem a diferença e muitas vezes eles estão além dos limites da educação, além da idéia romântica de que o produto final da educação é apenas o "homem educado". Esses objetivos nos novos programas são declarados como *sociais,* mas quase sempre escondem que são *políticos,* que têm a ver com o poder, com o controle do poder e com a preservação ou a mudança controlada de um tipo de *ordem social do poder.*

De um modo geral três perguntas podem ser feitas para que se comece a distinguir os verdadeiros objetivos e rumos de um programa de educação de adultos: 1ª) de que maneira e em que dimensões devem ser realizadas mudanças ou transformações na sociedade, com vistas ao seu desenvolvimento?; 2ª) de que modo e em que limites grupos populares são considerados como agentes participantes do processo de mudanças sociais?; 3ª) como e até onde a educação deve ser considerada como um instrumento de preparação de pessoas e formação de grupos populares para as tarefas das mudanças sociais?

Assim foi que programas de educação popular definiram, alguns, os seus objetivos a partir de uma crítica direta do tratamento que os programas anteriores davam às respostas das três perguntas. Foram e são estes programas de educação popular os que aprenderam aos poucos a realizar a passagem teórica e prática daquilo que dá o título deste estudo: ir de uma vaga *Educação Fundamental* ao que é de fato *fundamental na educação.*

A CRÍTICA DA EDUCAÇÃO E OS INDICADORES DA EDUCAÇÃO POPULAR

Antes de entrar no assunto acho importante resumir algumas idéias a respeito da educação que poderão ser tomadas como base do que for dito a seguir.

A educação existe na história e nas sociedades do homem. Não é anterior a ele e, em todos os sentidos, é uma construção social do homem. A educação existe em formações sociais concretas, faz parte de suas estruturas de saber-e-poder e participa de inúmeros processos e inúmeras situações coletivas que têm a ver com questões de *reprodução do saber* e de *manutenção do poder*. Neste sentido se diz que, como tantas outras, a educação é uma instituição social. De um ponto de vista mais político, a educação é parte do aparato de que as classes e grupos de controle do poder lançam mão para realizar, dentro do tipo de sociedade que impõem, os seus objetivos e interesses exclusivos sobre a economia, a política e também a cultura.

Em todos os tipos de sociedades, a educação é um dos mais eficazes instrumentos de controle social, quer apareça difusa e não formalizada como programas e agências oficiais de ensino, quer apareça como existe nas sociedades modernas, com sistemas escolares complexos, hierarquias político-pedagógicas, ministérios, secretarias, delegacias de ensino e estatutos do magistério. Em qualquer tipo de mundo social ela é inevitável, e em nações submetidas a governos autoritários é uma das práticas sociais submetidas a intenso policiamento e usadas com freqüência para o controle de idéias e condutas.

Os conteúdos da educação em boa parte conduzem mensagens que legitimam a ordem social que constitui um tipo de educação e determina quais os seus conteúdos. Assim, ao ensinar alguma coisa a algumas pessoas, o educador ensina os nomes e os valores de uma ordem social que se impõe ser reconhecida como legítima e necessária, ao mesmo tempo em que incute conhecimentos e habilitações necessárias e legítimas para que as pessoas "educadas" preservem e reconstruam, com o trabalho de suas idéias (próprias, mas incutidas pela educação) e com as suas atitudes (aprendidas, mas sob a forma de controles exercidos pelos grupos de poder, através da educação), a ordem econômica, política e simbólica da sociedade.

Todo o exercício de educação tem uma dimensão instrumentalizadora. Ela responde às necessidades gerais (aprender a ler-e-escrever) e especializadas (aprender a manejar um computador) das pessoas. Esta é a dimensão pela qual alguns controladores da educação e alguns educadores controlados definem toda a sua prática e determinam o que ela deve ser. Porém, o trabalho de educar tem também uma dimensão política, cuja face de controle de consciências e condutas é "esquecida" no discurso das pessoas e dos grupos que controlam politicamente a educação; e cuja face de benefício coletivo aparece quando se destaca, por exemplo, "o papel fundamental de educação no desenvolvimento nacional".

Assim, entre programas, metodologias e currículos, tanto como entre teorias educacionais e experiências pedagógicas avançadas, nada é gratuito e nada é puramente educativo na educação. Se em um nível mais visível ela parece ser pensada e exercida de modo a produzir benefícios diretos ou indiretos para todas as pessoas e toda a sociedade, em um outro nível — o que se esconde sob as realizações do primeiro — ela se soma a tudo o mais que serve para controlar o pensamento, as iniciativas e, enfim, a vida individual e coletiva de todos os sujeitos de algum modo envolvidos em suas tramas.

Quando se quer, portanto, avaliar ou classificar tipos ou estilos de tendência ou programas de educação é preciso levar em conta também — e, às vezes, principalmente — os indicadores que revelem quem controla, de que modo e para que, um trabalho de educadores. Quando a avaliação de práticas pedagógicas é feita dentro dos quadros de referência da educação oficial, os aspectos qualificadores levados em conta são formais e pouco críticos: a Filosofia de Educação a que o programa se vincula, a estrutura de seu sistema de ensino, os objetivos declarados, os esquemas de método e conteúdo, as condições de atualização do sistema em função de variações de tecnologia pedagógica ou de mercado de trabalho, por exemplo.

Educadores mais preocupados com as questões que envolvem também a função social da educação costumam agregar outros indicadores: os critérios de resposta de um programa pedagógico a exigências concretas do processo social, o seu alcance e funcionalidade no interior de uma sociedade em mudança, a sua capacidade em promover benefícios concretos e diretos a todas as classes sociais, o poder de formação de agentes preparados e dispostos para trabalhos de promoção de desenvolvimento.

No entanto, para pensar de modo mais crítico e, portanto, mais útil, as diferenças e as características de programas de educação, seria necessário passá-los pelos indicadores que, muitas vezes, os próprios promotores oficiais procuram ocultar até mesmo dos educadores que os realizam e que, não raro, os desconhecem no todo ou em parte. Para serem usados neste estudo, proponho a seguinte relação:

a) a conjuntura política do aparecimento do programa,
b) a origem direta do programa,
c) as experiências concretas que realizam o programa,
d) o tipo de grupo de educadores e outros profissionais responsáveis,
e) a localização do programa e a sua clientela específica,
f) os objetivos declarados do programa,
g) as situações-instrumento de sua prática pedagógica,
h) os objetivos políticos e ocultos do programa,
i) o compromisso de classe do programa,
j) as condições e modos de participação popular,
k) os elementos diferenciadores do programa.

Uma primeira divisão de tipos de programas de educação popular colocaria, de um lado, as experiências pioneiras, as atividades pedagógicas que na verdade simplesmente estendiam aos adultos "a recuperar" recursos, conteúdos e métodos de educação primária usualmente dirigida às crianças. Programas deste tipo iniciaram no Brasil campanhas de "alfabetização de massas". Vindo das primeiras décadas do século, alguns deles, sob formas atualizadas, estão ainda em pleno funcionamento. Por não encontrar um nome genérico melhor, chamo estes vários programas pedagógicos de *formas primitivas da educação de adultos*, e, para classificá-las atribuo a elas nomes que nem sempre foram os que os seus idealizadores usaram. Estas formas primitivas serão descritas aqui sumariamente e, por interessarem apenas de maneira indireta ao que aqui se discutirá, sequer farão parte do quadro classificatório que reservarei mais à frente aos programas de uma efetiva *educação de adultos* a que, por oposição, chamarei de *formas atuais*. Elas conduzem programas de educação mais especificamente dirigidos a populações adultas marginalizadas e, pelo menos em parte, trazem novas propostas de trabalho pedagógico e de efeito social, tanto para os seus educandos diretos quanto para as suas comunidades. Assim, logo de saída, uma de suas diferenças mais evidentes é a de que as *formas primitivas* dirigem a educação a cada educando adulto individualmente (enquanto método de trabalho, enquanto mediação e enquanto propaganda de mudança), enquanto as *formas atuais* dirigem os seus programas a grupos de alunos, aos seus grupos sociais e às suas comunidades. Na verdade, que a diferença não nos iluda. Nem sempre há uma passagem de um modelo individualista de educação para um modelo comunitário. Na sociedade capitalista, sob regimes autoritários, o aparato institucional de controle seguidas vezes lança mão de tipos aparentemente opostos de programas de educação (como, de resto, também de programas de saúde, de participação comunitária, de "promoção humana") com os mesmos objetivos de controlar consciências e mobilizar, a seu favor, grupos de sujeitos subalternos.

Proponho a seguinte divisão de tipos de programas de educação de adultos:

I — As "Formas Primitivas" da Educação Popular

A) Campanhas de Alfabetização

1. campanhas filantrópicas e de grupos confessionais
2. campanhas de iniciativa governamental

B) O Ensino Complementar de Emergência

3. os cursos de madureza e o supletivo
4. os cursos de formação técnico-burocrática e os ginásios para pobres

C) Os Cursos Profissionalizantes de Trabalho Braçal
   5. a formação de mão-de-obra operária
   6. os cursos técnico-profissionalizantes

II — As "Formas Atuais" da Educação Popular
D) A Educação Fundamental (a educação de adultos)
   7. os programas de instauração na América Latina
   8. a educação fundamental no desenvolvimento comunitário
   9. a educação fundamental no desenvolvimento sócio-econômico

E) A Educação Popular
   10. a educação de base
   11. a educação popular

I. *AS "FORMAS PRIMITIVAS" DA EDUCAÇÃO POPULAR*

Quando em diferentes países da América Latina surgiram as primeiras experiências de educação para adultos analfabetos ou com escolarização incompleta, não foram poucas as que tocaram trombetas, içaram bandeiras e apareceram revestidas de um discurso e de "ideais" de uma verdadeira militância de salvação nacional, através da educação. Este mesmo triunfalismo pedagógico, ora ingênuo, ora safado, reaparecerá por todo o continente várias vezes. Não foi por mero acaso que as primeiras experiências de alfabetização de massas adotaram aqui e ali nomes como: "Campanha", "Cruzada", "Bandeira", que ressaltavam idéias de luta, heroísmo, gratuidade e desprendimento. Afinal, se de um lado tratava-se apenas de ensinar a ler-e-escrever a adultos e jovens analfabetos, de outro lado tratava-se de reduzir níveis assustadores de analfabetismo que, como a lepra e a tuberculose, constituíam-se como as "manchas da nação".

A) CAMPANHAS DE ALFABETIZAÇÃO

1. Campanhas filantrópicas e de grupos confessionais

Sempre é possível associar algum acontecimento de natureza política com o surgimento e a trajetória de qualquer tipo de experiência de educação. Sempre houve alguma seqüência de processos e de alterações, no ponto de encontro entre os interesses políticos dos grupos dominantes e os serviços sociais que estendiam ao povo os termos destes interesses, que fazia aparecerem ou se modificarem novas modalidades de trabalho de educação. Do ponto de vista de empresários e de políticos do capital, os interesses na educação do povo sempre foram definidos: a) pela necessidade de reprodução das idéias, dos símbolos e dos hábitos sociais que preservem uma ordem social de dominância estabelecida se possível, sem ser contestada; b) pela necessidade de reprodução de força de trabalho popular "civilizada" para a cidade (alfabetizada, instruída em hábitos burgueses de cidadania) e "capacitada" para a fábrica. Algumas vezes o próprio Estado, que é a figura e a realização de um tipo de poder, criava e conduzia programas de educação dirigidos ao povo. Vamos nos encontrar com alguns mais adiante. Quando o interesse do capital sobre o trabalho torna viável e urgente a oferta de cursos ágeis de treinamento, as próprias empresas capitalistas ou as próprias associações patronais podem patrocinar programas especializados de educação.

Mas também em boa medida, campanhas e movimentos de educação de adultos foram e são patrocinados por grupos filantrópicos ou confessionais, como é o caso do trabalho intenso e pioneiro de colégios católicos que ofereciam à noite aulas de alfabetização para adultos analfabetos, ou de missionários protestantes que alfabetizavam índios, lavradores, operários, para que cristão algum ficasse privado da leitura da Bíblia. Igrejas, grupos confessionais, assim como outras agências da sociedade civil inventaram desde as primeiras décadas do século sucessivos programas passageiros onde a educação de adultos aparecia como uma atividade assistencialista a mais, ao lado das de medicina ou de assistência social. De modo semelhante o objetivo destas primeiras iniciativas de alfabetização era o de ajudar pessoas pobres e desvalidas — sobretudo quando migrantes do campo para a cidade — a se libertarem das "trevas da ignorância", aprendendo a ler, escrever, contar e pensar "como gente civilizada". De algum modo estas campanhas filantrópicas e confessionais de *alfabetização* foram criadas no Brasil antes mesmo de o fenômeno social do *analfabetismo* ter sido inventado oficialmente.

Por isso talvez as campanhas pioneiras de alfabetização foram pensadas como serviços assistenciais de emergência, depois de haverem sido, por anos a fio, tranqüilos cursos noturnos de qualquer colégio de alguma ordem religiosa. Serviços de duração limitada, instrumentos de solução de problemas individuais, cujas causas costumavam ser atribuídas a carências pessoais, a vícios "do brasileiro" ou a fatores sociais irrelevantes, mais geográficos do que, por exemplo, políticos e econômicos. Fatores nunca percebidos como dependentes da divisão social do trabalho e de todas as outras divisões sociais decorrentes, inclusive a divisão social do direito de todas as pessoas ao *conhecimento*, ao *saber*.

2. Campanhas de iniciativa governamental

Quando, já nas décadas de 30 e 40, o analfabetismo foi descoberto, no meio dos indicadores sociais do "nível de vida", houve quem chegasse a responsabilizá-lo pelo próprio subdesenvolvimento, outra descoberta da mesma época. Tal como aconteceu em tantos outros países, no Brasil, o analfabeto foi transformado em "mancha nacional" e, a partir de então, aqui e ali brotaram campanhas de alfabetização promovidas direta ou indiretamente pelo Estado. Dentro desta nova modalidade de "combate ao analfabetismo", os critérios, objetivos e símbolos confessionais ou assistencialistas são repensados como questões sociais, como preocupações estatísticas algumas vezes. "Há no país uma porcentagem de X% de analfabetos. O objetivo do programa é reduzi-la em 5 anos para X — Y%.[3]

Aqui no Brasil as campanhas de alfabetização de iniciativa governamental e de âmbito regional e/ou nacional tomam corpo quando: 1º) processos crescentes de industrialização-urbanização × êxodo rural deslocam em proporção crescente massas de população agrária e analfabeta para as grandes cidades, ali onde analfabetismo ajuda a marginalizar e onde não saber ler-e-escrever passa a ser oficialmente um indicador de "problema social"; 2º) as estratégias de controle político lançam mão de artimanhas populistas que tornam útil para os grupos dirigentes a direção de massas semi-escolarizadas, logo, eleitoras; 3º) alterações modernizadoras nas estruturas de produção de bens e serviços do capital provocam a necessidade de capacitação correspondente da força de trabalho disponível.

Quando o trabalho sobre adultos não-escolarizados é só o de alfabetização, só o de *alfabetizar*, tudo se passa a um nível de mínimos pedagógicos, rudimentos de noções de saber ler-e-escrever, uma passagem rápida pela "escola", enfim, uma formação tão indigente quanto a situação dos alunos mais pobres que são recrutados pelas campanhas. A não ser em casos de exceção, durante todo este período de domínio de trabalhos apressados de alfabetização, não há ainda práticas de tipo propriamente *promocional, comunitário* ou *desenvolvimentista.* [4]

B) O ENSINO COMPLEMENTAR DE EMERGÊNCIA

3. Os cursos de madureza e o supletivo

Na mesma trilha do que vimos até aqui, a concentração de massas populares na cidade e a diferenciação dos trabalhos nos lugares de trabalho em fábricas, lojas e empresas de serviços contribuíram para exigir do governo algo mais do que campanhas efêmeras de alfabetização, sempre com resultados estatísticos e pedagógicos muito discutíveis. À medida que foram sendo ampliadas as alternativas de trabalho a baixo nível acenou-se para o povo a possibilidade de melhores colocações profissionais, que, por sua vez, exigiam uma formação mais adequada para o trabalho operário (o "operário qualificado") e para o trabalho burocrático. O sistema oficial de educação começa então a tomar a seu cargo tanto o controle direto do que era feito em escolas particulares, quanto a própria oferta de cursos primários e, mais tarde, de 2º grau, dirigidos a adultos precariamente escolarizados na infância e na adolescência. Surgem e se espalham, sobretudo nos grandes centros urbanos os primários para pobres, os cursos de madureza e, mais tarde, os cursos de supletivo, que difundem redes nacionais de educação de emergência, inclusive com o largo uso de rádio e televisão (Projeto Minerva, Telecurso).

O prolongamento dos "primários de emergência" resultou na criação de cursos de nível secundário de curto prazo. Esta forma mista e mais prolongada de *educação de adultos* envolve como clientela os estratos superiores do proletariado urbanizado e os estratos inferiores da burguesia, distribuídos respectivamente entre a força de trabalho braçal qualificada e os empregos burocráticos de mais baixo nível no comércio e nos setores de serviços particulares ou oficiais.

Em qualquer um de seus níveis, estes cursos de atualização escolar de adultos não possuíam qualquer compromisso de formação profissionalizante, mesmo quando dirigidos às populações pobres da cidade. Sempre foram cursos apressados de formação geral. Neste sentido, apenas concentram em menos tempo os mesmos defeitos secularmente apontados nos cursos regulares de 1º e 2º grau.

4. Os cursos de formação técnico-burocrática e os ginásios para pobres

Tal como no caso dos primitivos cursos primários noturnos de conclusão apressada, e dos cursos pioneiros "de madureza", uma boa porção dos programas de qualificação de força de trabalho parte inicialmente da iniciativa particular; de entidades patronais como os do SENAI e do SENAC. Ao contrário dos do grupo anterior, existe agora uma preocupação em qualificar operários para a construção civil e para as indústrias, e treinar técnicos especializados e funcionários burocratas: secretários, datilógrafos, contadores, taquígrafos e tantos outros funcionários de colarinho branco e bolsos vazios.

Aos alunos desses cursos profissionalizantes é oferecida uma educação de duplo efeito. De um lado ela se apresenta como o mais importante instrumento de "promoção pessoal" com os direitos que o "saber mais" dá ao "trabalhar melhor". De outro lado — em sua face oculta — ela é a evidência do limite curto da formação cultural do empregado na escola criada pelo patrão, e das possibilidades, na verdade muito limitadas, de aproveitamento efetivo do aluno "formado" em um trabalho melhor. Cursos de profissionalização burocrática para o comércio e os serviços públicos ou particulares são, muito mais do que os de qualificação de força de trabalho operária, escolas de ilusão. Eles se somam a uma infinidade de pequenas escolas pagas de datilografia, ou à multiplicação dos "cursos por correspondência", que prometem por carta não só um diploma, como a garantia de uma "melhor colocação".

Mais ainda do que na propaganda ilusória dos programas de alfabetização oficiais, cursos de escolarização apressada e de formação rasteira de força de trabalho, denunciam os objetivos reais das iniciativas pedagógicas de origem classista e de destino popular: a) a proposta de uma formação semi-especializada e criteriosamente mantida em níveis mínimos de cultura e profissionalização; b) a veiculação de uma mensagem insistente, dividida entre a promessa de ascensão profissional e social indiscutível e a propaganda massificante de uma sociedade justa e eqüitativa, capaz de absorver sem conflitos em patamares cada vez mais altos de vida e trabalho, todos os que souberem associar o esforço pessoal por vencer ("hei de vencer") ao estudo que garante a vitória ("o saber abre todas as portas").

A ideologia deste tipo de educação de adultos, uma forma cabocla do pensar capitalista, pode ser resumida assim:

1º) A sociedade atual, o sistema, o regime político são justos e ajustados a um tipo de povo e de nação como os do Brasil. Nada disto precisa mudar, a não ser através das apreciáveis conquistas da tecnologia somadas aos esforços de depuração democrática, que só as relações de tipo capitalista podem produzir e oferecer a todos, cada vez com mais igualdade, e que só a *democracia do sistema* — que é o produto social das relações capitalistas — pode garantir.

2º) Este tipo de sociedade nacional é aberta e o regime político, é o guardião de sua abertura, com segurança. Uma de suas principais qualidades é facilitar constantes movimentos de ascensão social dentro dela. Aqueles que não conseguem "vencer na vida" devem atribuir o seu "fracasso" a si próprios: à sua incapacidade de associar esforço para saber com perseverança para trabalhar, dentro de um mundo de trocas que favorece a todos as mesmas possibilidades de sucesso e realização pessoal, apesar de pequenas diferenças de "berço" que justamente a educação anula e a dedicação persistente ao trabalho, dentro das regras do jogo capitalista de "pensar e fazer", supera definitivamente.

3º) Portanto, se algo deve mudar *na* sociedade, são as pessoas *da* sociedade. Até mesmo as principais transformações sociais acabam sendo uma decorrência ética da mudança de idéias e de procedimentos de seus integrantes. Esta mudança deve ter, entre outras, uma dupla direção: a) a de uma progressiva conquista de *saber útil,* de formação de cidadania e de capacitação para o trabalho; b) a de uma progressiva acomodação às leis e normas do sistema político-econômico vigente, o que, nos casos mais extremos confunde-se com a própria idéia de tornar-se uma pessoa "educada". É assim que todos os cidadãos educados ordeira e produtivamente trabalham em prol de sua realização pessoal, da felicidade da família e, ao mesmo tempo, em favor do desenvolvimento da Nação, o que significa conduzir-se a si próprio e à Pátria "ao seu grandioso destino natural no rol das nações civilizadas, etc.".

4º) Finalmente, como vimos até aqui, o principal veículo social de promoção pessoal é a *educação.* Ela oferece a formação básica necessária à conduta do cidadão ajustado e ao trabalho do cidadão produtivo, dando a todos o mínimo necessário para a promoção e o sucesso.

De maneira tímida durante as 3 primeiras décadas deste século e de modo muito acentuado entre as décadas de 40 e 60, vários fatores associam-se para provocar o aparecimento e a rápida multiplicação destes cursos de capacitação profissional, ao lado dos que são dirigidos diretamente à reprodução de força de trabalho operário semiqualificada, como vimos e veremos adiante. De um lado estão as próprias necessidades do mercado capitalista. Enquanto as universidades jogavam neste mercado quadros de profissionais de alto nível, cursos de nível médio respondiam pela produção de quadros técnicos de nível médio, para fábricas, oficinas, para o trabalho agrícola e o do comércio. De outro lado estão as mudanças ideológicas que reúnem, por exemplo, os novos empresários modernizantes, os educadores liberais de formação norte-americana, os missionários protestantes, sobretudo os dedicados à educação (Ramalho, 1976). A um só tempo são criticados os cursos de formação "humanista" e não-profissionalizadora e são exigidas, para todos os níveis do ensino, práticas pedagógicas que associem à instrução básica, a profissional.

C) OS CURSOS PROFISSIONALIZANTES DE TRABALHO BRAÇAL

5. A formação de mão-de-obra operária

Para uma população do "limbo do saber", jovem ou adulta e sem nenhuma escolarização, foram inventados e são oferecidos até hoje cursos profissionalizadores de curto período, com um ensino especializado a nível operário (pedreiros, ferramenteiros, marceneiros tratoristas etc.) com o objetivo de reciclar e suprir setores da indústria, da construção civil e da agricultura com uma força de trabalho melhor adaptada.

Assim a fábrica e a "obra" deslocam para um de seus setores especializados (o "Centro de Formação de Mão-de-Obra") ou para o próprio Estado a tarefa de arcar com os custos e o poder de compartir o controle deste tipo de inculcação de saber e hábitos de trabalho.

Programas mais recentes repetem, em acelerado, a formação profissionalizante das velhas oficinas, combinando a instrumentalização de mão-de-obra com rudimentos de informação "escolar" (sobretudo alfabetização) e "civilizatória". O PIPMO é um dos melhores exemplos atuais de uma formação profissionalizante que a fábrica absorveu da oficina e da manufatura e que a indústria capitalista devolve ao controle do Estado, que repete com ela, também através da educação, parte do ônus que serve ao capital.

6. Os cursos técnico-profissionalizantes

O desenvolvimento da indústria moderna no Brasil, que decorre mais do que tudo da ampliação de interesses de investimento no País do capital multinacional, forçou a necessidade de reprodução também acelerada de um tipo de profissional técnico colocado a meio caminho entre o operário e os profissionais de nível superior.

Escolas de ensino profissionalizante a nível médio, muito bem equipadas e oferecendo cursos de média e longa duração (inclusive a nível de "colegial") surgem como uma resposta a esta necessidade. Esta modalidade de ensino talvez não devesse ser contada entre aquelas que, numa primeira e muito grande abertura de leque, tenho chamado aqui de *programas de educação popular*. Sabemos que os seus cursos são oferecidos a adolescentes e não a adultos e tendem a ser incorporados à própria rede oficial do ensino de 1º e 2º grau.

Se os misturo aqui aos outros é porque as suas escolas de formação recrutam boa parte de seus alunos entre pessoas das classes subalternas e reproduzem sobre eles os mesmos interesses de obter trabalhadores com uma capacitação profissional limitada, associada a uma formação "civilizatória" (cívica) rudimentar, compatível com a posição do futuro trabalhador-técnico na fábrica e a correspondente "posição social" prometida ao aluno na propaganda do curso.

Dos anos 50 para cá esses cursos técnico-profissionalizantes multiplicam-se pelo país, ao lado dos cursos de formação precária de "artesãos modernos" (relojoeiros, técnicos de fotografia etc.) e pequenos burocratas de escritório (datilógrafos, contadores, arquivistas). Quase sempre quem escreve no Brasil sobre a educação dirigida às gentes pobres das favelas, das vilas de BNH, das "pontas de ruas" das periferias das cidades, prefere falar a respeito das experiências mais heróicas de inventiva pedagógica e projeto político. Por isso são esquecidos de nossos olhos as incontáveis pequenas iniciativas de uma "educação popular" esparramada por todos os cantos do país, seja através de redes de centrais de "cursos por correspondência", seja através da iniciativa de algum pequeno especialista do lugar.

Por toda parte, ao lado de cursos semi-regulares patrocinados pelo Estado ou por entidades patronais, existe uma Babel de pequenos e grandes cursos e ensinos profissionalizantes que, ao longo da história da educação no país, absorveram um número infinitamente maior de sujeitos subalternos do que todas as experiências de Educação Popular com que vamos nos encontrar no próximo capítulo.

São iniciativas "particulares" de educação que pesquisador algum quer estudar, porque parecem mais objeto de piada do que de preocupação científica. No entanto, não só são eles os que desde há muitos anos recrutam regularmente a maior parte dos alunos populares esperançosos de uma rápida profissionalização, como são aqueles que, de maneira mais agressiva, observam os princípios da propaganda capitalista e formulam promessas de "uma vida Feliz" e uma "realização pessoal" inquestionáveis, através de um estudo breve e fácil, na sala apertada de um curso de datilografia de subúrbio, ou "em sua casa mesmo, nos horários de folga", que os cursos por correspondência anseiam invadir.

Em qualquer uma destas modalidades de educação profissionalizadora — do PIPMO às Escolas do SENAI, da escolinha Remington de Datilografia ao Instituto Universal de Ensino por Correspondência — existe uma direção de intenções: absorver o indivíduo e formá-lo individualmente para o trabalho, com promessas de "sucesso pessoal" que o estudo, o esforço e a subordinação às regras do sistema oferecem.

II. *AS "FORMAS ATUAIS" DA EDUCAÇÃO POPULAR*

Os programas que na América Latina e no Brasil inovam a educação dirigida a adultos não-escolarizados possuem origens, atributos e pelo menos alguns objetivos diferentes das "formas primitivas" (mesmo as que, recicladas, tornaram-se tão "modernas") que estivemos percorrendo até aqui.

As idéias, o currículo e a metodologia dessas "formas atuais" da educação popular foram também importadas, algumas, da Europa, outras, dos Estados Unidos. É possível pensar em dois pólos de origem européia de tudo isto: um pode ser colocado em uma área "anglo-saxônica", em grandes linhas (Inglaterra, Estados Unidos, Suécia e Dinamarca), outro, em uma área "francesa".

Aqui no Brasil, entre os anos 50 e os dias de hoje, com um peso muito maior sobre os primeiros anos da década de 60, os programas de educação popular diferenciam-se ao longo de duas direções que, historicamente, estão às vezes próximas a ponto de se combinarem em um mesmo programa experimental; às vezes estão distantes uma da outra e, outras vezes, são francamente antagônicas:

1ª) Direção das práticas de *Educação de Adultos*, de *Educação Fundamental*, de *Alfabetização Funcional*, associadas ao *Desenvolvimento de Comunidades*. São práticas originadas da área "anglo-saxônica", patrocinadas por instituições internacionais como a

ONU (Desenvolvimento de Comunidades) ou a UNESCO (as de educação) ou, ainda: FAO, OMS, para os casos de campanhas de educação e alimentação, e saúde etc., e tornadas oficiais em vários países da América Latina, em plano nacional ou regional.

2ª) A direção das práticas de *Educação de Base* e de *Educação Popular*, associadas a trabalhos de *mobilização popular* (conscientização + politização dos subalternos). São práticas de origem ou de remota inspiração francesa, patrocinadas por setores das igrejas (mesmo quando associadas ao Estado) setores de universidades ou do estudantado.

As experiências da 1ª direção são objeto de estudo da última parte deste capítulo. As da 2ª, quando *Educação Popular* começa a ser escrita com iniciais maiúsculas, serão discutidas no próximo capítulo.

D) A EDUCAÇÃO FUNDAMENTAL (A EDUCAÇÃO DE ADULTOS)

7. Os programas de instauração na América Latina

Os nomes já nossos conhecidos de *Alfabetização Funcional, Educação de Adultos, Educação Fundamental* e, até mesmo, *Educação Permanente* identificam programas de educação para adultos periféricos e não-escolarizados que mais se difundiram pelo continente. Modelos importados dessas práticas foram adotados por alguns governos às vezes com o co-patrocínio de entidades internacionais ou a OEA.

No Brasil os programas pioneiros de *Educação Fundamental* inicialmente associam o trabalho pedagógico de grupos de adultos a propostas ainda vagas de "melhoria de vida para as populações mais carentes", das "comunidades mais pobres" das regiões "mais subdesenvolvidas".

No ano de 1943 uma Conferência de Ministros e Diretores de Educação das Repúblicas Americanas, convocada para a cidade de Panamá, proferiu, entre algumas outras, a seguinte recomendação:

> "Que se organizem planos e programas para o ensino do adulto, na base de prazos mínimos e das condições do ambiente, mas de tal forma que a preparação a lhes ser oferecida equivalha à da escola primária comum" (Tavares, 1970: 30).

Alguns anos antes, em uma reunião semelhante à do ano de 1940, as metas gerais de uma educação deste tipo foram formuladas assim:

> "Os objetivos precisos da Educação Fundamental consistem em ajudar os homens a compreender seus problemas imediatos e em proporcionar-lhes os conhecimentos técnicos que lhes permitam resolvê-los mediante o seu próprio esforço. Trata-se de melhorar a situação e o bem-estar da geração presente, dando-lhe o mínimo de educação necessária para melhorar o seu modo de vida, sua saúde, sua produtividade e sua organização social, econômica e política" (Tavares, 1970: 30).

As idéias em alguma coisa mais avançadas do que a de todos os programas anteriores, delineiam todo um conjunto de sonhos, mas também de artimanhas de preparação-manipulação dos subalternos através do que a educação a eles dirigida consegue produzir, enquanto inculcação de formas de saber e organização de grupos populares para a prática desta inculcação. Aí estão a compreensão, a aquisição de conhecimentos técnicos de trabalho pessoal e coletivo, e o "mínimo necessário" para o favorecimento de iniciativas locais, comunitárias, destinadas à melhoria da vida física e social.

Idéias que 9 anos depois aprenderam a pensar toda essa melhoria da vida do povo dentro de um mundo em mudança, a caminho de ficar ou ser "moderno". Em 1949 a própria UNESCO define a Educação Fundamental como uma prática destinada a:

> "Ajudar o homem e a mulher a conseguirem uma vida mais feliz, ajustada às circunstâncias cambiantes, para desenvolver os melhores elementos de sua própria cultura e levar a cabo o progresso econômico e social que lhes permita ocupar o lugar que lhes corresponde na vida moderna e viver em paz uns com os outros" (UNESCO, 1949: 9).

Palavras solenes, mas objetivos vagos e irrealizáveis sempre se combinaram à vontade nos documentos que descrevem e definem os programas latino-americanos de Educação Fundamental. Parte desta indefinição deve-se a que muitas vezes o controle político da educação determina que o "programa pedagógico" mais *pareça fazer* do que *faça* realmente o que se propõe realizar *com* e *pelo* povo. Por isso mesmo, tipos aparentemente iguais de práticas de educação para adultos e com uma nova dimensão comunitária inicialmente ora surgem para a "melhoria da vida", ora como recurso de ocupação criativa do tempo de lazer, ora como recuperação acelerada de adultos analfabetos.

Em 1956, treze anos depois da "Conferência do Panamá", uma Segunda Reunião Interamericana de Ministros da Educação, reunida em Lima, introduziu algumas inovações (ou recuperou apenas idéias antigas?) na estratégia do funcionamento da Educação Fundamental, colocando então a ênfase do trabalho pedagógico na Alfabetização Funcional, e insistindo na elaboração de "planos integrais", com o que a Educação reaparece como um instrumento essencial na formação, na motivação e na organização de populações carentes para o "desenvolvimento sócio-econômico e cultural".

Afinal, o que a Educação Fundamental introduz? O que ela renova? De que modo e com que sentido aquilo que existiu antes como um trabalho pedagógico individualizante, urbano e de emergência, dá lugar e concorre com um trabalho comunitário e desenvolvimentista através da educação?

Uma variedade de prática pedagógica dirigida a adultos, a pequenos proprietários e trabalhadores rurais com propósitos de aplicação direta dos conhecimentos adquiridos na inovação de práticas de trabalho produtivo, antecedeu a Educação Fundamental no Brasil. Falo da *Extensão Rural,* prática trazida ao Brasil dos EUA e até hoje difundida por quase todo o país. De modo diferente ao dos programas das formas primitivas a *Extensão Rural* atua junto a uma clientela selecionada e restrita; com base em pregações e iniciativas comunitárias de auto-ajuda — mesmo quando os objetivos finais tenham sido estabelecidos sobre promessas de melhoria individualizada da vida — através da qualificação do trabalho familiar; com o propósito de modernizar a prática econômica de pequenos proprietários rurais.

Também a Educação Fundamental define a sua clientela. De certo modo ela é "a gente que sobra": as pessoas mais "carentes", menos anteriormente escolarizadas, das áreas mais "subdesenvolvidas".

A descoberta tardia do "subdesenvolvimento" e a invenção da idéia de que nos lugares onde nem o capital tem interesse nem o Estado tem poder para investir, o próprio povo poderia ser preparado para mudar de vida e mudar as condições locais de vida, deram um novo sentido à função adaptadora da educação, tal como ela aparece e se atualiza em sucessivas propostas de ação. Tal como prescreve a definição da UNESCO de 1949, o problema da adaptação pessoal é previsto para dentro de um contexto de "circunstâncias cambiantes". Estas circunstâncias são o efeito de alterações nas relações sociais de produção de bens e de sua circulação entre pólos de controle políticos e econômicos, trazidos às nações do continente como decorrência de "processos naturais de industrialização". Elas aparecem também como parte do conjunto de mudanças reconhecidas como indispensáveis para que haja um início de desenvolvimento sócio-econômico onde os efeitos da industrialização ainda não chegaram e onde, por conseqüência, toda a "melhora de vida" tem que ser pensada e feita coletivamente "de dentro para fora".

A Educação Fundamental estabelece alguns princípios renovadores de trabalho quando comparada com qualquer uma das formas primitivas: 1º) o foco sobre a formação de agentes comunitários de "melhoria de vida" e sobre a motivação para a participação; 2º) o reconhecimento (muito aumentado nas fases seguintes) de que os efeitos da educação devem ser medidos através de mudanças sócio-econômicas de que a educação é um dos indicadores e de que o "homem educado" é um dos promotores.

As formas primitivas da educação de jovens e adultos defasados, das primeiras campanhas de alfabetização aos cursos por correspondência, propunham mudanças diretas no destino individual do educando: passar de um lado para o outro no quadro das contagens dos analfabetos do país e, assim, adquirir direitos de "cidadão" negados aos analfabetos; aperfeiçoar-se profissionalmente e ocupar funções melhor qualificadas no trabalho e correspondentes posições sociais mais valorizadas; subir pelo menos um degrau na escada do "sucesso". Práticas pedagógicas rigorosamente individualizadas possibilitavam um controle ideológico eficiente e uma demonstração de resultados eficaz, compatíveis com os interesses que o mercado de trabalho e o controle da ordem social em que o mercado existe tinham sobre os educandos. Aquelas eram, como vimos, formas de uma educação barata, oferecida a curto prazo e que bem ou mal reciclavam força de trabalho braçal, técnico ou burocrático, além de participar do processo político de inculcação de valores de "respeito à ordem" e subserviência cívica aos símbolos e aparelhos de controle.

Quando foram exportadas para o Brasil as primeiras experiências de Educação Fundamental, elas chegaram de sociedades industrializadas e fracamente inseridas em etapas mais avançadas da produção de bens, da ordem e dos símbolos do capitalismo. Por outro lado, vinham também de tipos de sociedades com experiências, inclusive populares, de vida comunitária, associativa e político-participativa mais elaboradas. Tipos de sociedades cujas instâncias de poder estavam aparelhadas para suportar — e também para reduzir, para desviar, para esvaziar — formas complexas de organização e de movimentos populares. Sociedades que, inclusive, haviam realizado há anos os jogos democráticos de estruturar as relações de poder, incorporando a elas unidades de representação popular e de classes, como os sindicatos, as agências civis de representação e pressão, os partidos populares. Afinal, a Educação Fundamental vinha via Inglaterra e Dinamarca, e não, via Portugal ou Espanha.

À medida que no Brasil alguns programas regionais de Educação Fundamental são criados, eles correm o risco de escapar do controle oficial em dois sentidos pelo menos: 1º) não respondendo de fato pela formação de mão-de-obra local, nem para o mercado de trabalho, nem para a malha de pequenas tarefas comunitárias de trabalho popular "para o desenvolvimento"; 2º) constituindo, direta ou indiretamente, instrumentos de mobilização comunitária ou associativa, menos agressiva do que associações de classe criadas por outros meios, mas nem por isso tão menos potencialmente ameaçadora, a médio ou longo prazo, dos planos oficiais de controle absoluto do povo, através também da educação.

A ambigüidade de interesses, a precariedade efetiva dos programas (recursos parcos, pessoal pouco preparado, duração efêmera) e a desconfiança com que os grupos subalternos os recebem, provocaram na maior parte dos exemplos um compasso entre a indefinição e o fracasso que fazia ser sempre fundo o abismo entre as formulações teórico-metodológicas dos programas e a pobreza de seus resultados pedagógicos e sociais efetivos. Isto aconteceu em praticamente todos os países da América Latina onde acabou sendo tradição lançar mão de práticas extra-escolares de educação com objetivos reais de manipulação popular. No fim das contas, as primeiras experiências mesmo quando apontam para a "organização comunitária" com que vamos nos encontrar algumas linhas à frente —, os primeiros momentos da Educação Fundamental por aqui — não são mais do que um nome novo para as repetidas e infrutíferas "campanhas de alfabetização". Ou então seguem sem muito sucesso os passos das experiências de Extensão Rural, associando ensinos rudimentares de primeiras letras com noções precárias de saúde, puericultura, horta familiar e assim por diante.

Apenas quando aos governantes começam a interessar modelos mais agressivos de organização popular, capazes de competirem com sucesso com os grupos efetivamente populares de militância política de classe ou comunidade, é que a Educação Fundamental vai aparecer redefinida como um programa próprio de Desenvolvimento Comunitário, ou como um programa de educação associado a programas locais ou regionais de Desenvolvimento Comunitário. Este foi o caminho de algumas iniciativas passadas de agências oficiais que fizeram a trajetória: Alfabetização — Educação Fundamental — Ação Comunitária. Este é também o caminho que explica a estratégia populista atual de transformação do MOBRAL em NOVO MOBRAL (Ação Comunitária)

8. A Educação Fundamental no Desenvolvimento Comunitário

A idéia e a prática da *Educação Fundamental* só se realizam plenamente quando são um dia associadas à idéia e à prática do *Desenvolvimento de Comunidades*. Por isso mesmo, aquele foi um tempo de euforia para um lado e para o outro. Em plano internacional a ONU (patrocinadora da ideologia do Desenvolvimento de Comunidades) e a UNESCO (patrocinadora da ideologia da Educação Fundamental) mesclam os seus projetos aproximando as duas coisas e, mais tarde, posicionando a Educação Fundamental como um dos instrumentos do Desenvolvimento de Comunidades.

Nos recantos mais política e economicamente condenados à expropriação e ao subdesenvolvimento, as duas práticas acima trazem propostas de um "desenvolvimento" de baixo para cima, onde secularmente ele foi negado de cima para baixo. Ali ele aparece como um resultado possível de uma "organização de povo e governo para a melhoria do nível cultural e social a partir do esforço conjunto". Na sua face mais oculta o Desenvolvimento de Comunidades nas sociedades dependentes não é mais do que uma estratégia política de distribuição do ônus social da "melhoria de condições de vida" entre o controle do poder de Estado e a participação do trabalho popular.

Em alguns momentos de alguns países esta estratégia de desenvolvimento divide-se, aparecendo como um "desenvolvimento econômico acelerado" onde há possibilidades efetivas de expansão capitalista; surgindo como "desenvolvimento comunitário" ("ação comunitária", "promoção comunitária" etc.) nas áreas marginais que, de momento, não podem experimentar mais do que efeitos epidérmicos de "melhoria de condições de vida" no interior de estruturas inalteradas de *exploração do trabalho* e *expropriação do poder* do povo.

Assim, em algumas de suas primeiras experiências, a aliança de Desenvolvimento Comunitário + Educação Fundamental serve a projetos de "integração" de grupos marginais e sobreviventes de sociedades indígenas na "comunidade nacional" (México, América Central, Países Andinos). Mais tarde elas abarcam também comunidades rurais e até mesmo os guetos urbanos (favelas). O modelo envolve via de regra o controle direto ou indireto do governo + a participação associada de agências da sociedade civil (onde em alguns casos é notável a presença da Igreja) + a participação subalterna de grupos populares externamente reorganizados de acordo com as pautas de operação dos programas ("descoberta de líderes", "grupos de mães", "de jovens", "comissões de representantes" etc.).

O modelo típico poderia ser representado da seguinte maneira:

Recursos institucionais (financeiros, técnicos e humanos) patrocinados pelo governo e por entidades civis associadas,	+	grupos populares comunitariamente organizados (e politicamente esvaziados), sob o prisma da auto-ajuda, convencido a derivar parte de sua força-de-trabalho para o trabalho gratuito destinado a cumprir planos pré-fixados de "desenvolvimento" + "promoção" a nível local,	=	ao desenvolvimento local de setores do "nível de vida" (saúde, habitação, educação etc) + desenvolvimento limitado da produção por inovação tecnológica limitada e soluções cooperativas de produção e distribuição.

Portanto, a Educação Fundamental, durante algum tempo pensada como um meio de recuperação de adultos defasados, redefine-se aos poucos como o suporte pedagógico (e ideológico, portanto) de programas comunitários de promoção social. Ao recolocar-se no horizonte da capacitação e motivação de sujeitos subalternos para a mobilização comunitária, a Educação Fundamental muda o sentido de sua função instrumental. Os educadores diretos tomam consciência de duas idéias aparentemente opostas: 1ª) uma educação dirigida à "promoção individual" não produz resultados positivos em termos amplos, porquanto os problemas de cada indivíduo são os de sua sociedade; 2ª) como um instrumento de desenvolvimento comunitário, a educação não produz resultados em si mesma e o seu trabalho pedagógico só tem sentido se os seus objetivos forem medidos por indicadores sociais traduzidos como "mudança", "desenvolvimento", "promoção".

Transportando para uma idéia de *comunidade* o que foi pensado antes como *indivíduo;* pensando em termos de *povo* o que nas formas primitivas surgia como *pobre;* traduzindo como *desenvolvimento comunitário* fruto do esforço *coletivo* e que antes tinha o nome de *sucesso pessoal,* fruto do esforço individual, a Educação Fundamental acrescenta algumas alterações de princípios que poderiam ser sintetizadas assim:

a) A propaganda de mudanças limitadas a nível local, apresentadas como a base eficaz e realista de solução dos problemas das comunidades pobres e marginalizadas, problemas pré-definidos como de "nível de vida", resolvíveis por ação organizada setorial;

b) a mística da "auto-ajuda", ou do "esforço da comunidade", como condição necessária para a realização das mudanças previstas;

c) a convocação das classes subalternas para uma participação não-individualizada e não-classista — ideologicamente pensada entre o "nacional-cívico" e os valores da "cultura local" — como um espaço novo e redentor de trabalho popular onde a união da comunidade negue a realidade da expropriação da classe;

d) o foco sobre o "fator humano" no desenvolvimento local e a estratégia da mediação de "líderes da comunidade", colocados como os sujeitos comprometidos com o "programa" e realizadores das intenções de seus promotores, na comunidade;

e) o deslocamento da realização individualizada na sociedade através do trabalho no mercado capitalista, para a realização pessoal na comunidade.

A Educação Fundamental não veicula então apenas conhecimentos, mas valores. E não apenas valores de conscientização a partir dos dados de posição social e vivência dos sujeitos subalternos, mas valores de propaganda política através da educação. Valores enfaticamente repetidos e heroicizados, de modo a inculcar hábitos e disposições de passagem de um "individualismo tradicional", acompanhado de apatia e desesperança, para uma conduta pessoal de disponibilidade e disposição que conduzam ao compromisso "com a mudança" através da participação entusiasmada e coletiva.

Frente às palavras de ordem das formas primitivas, o linguajar corriqueiro da Educação Fundamental aprende a dizer: "compreensão e favorecimento da evolução social", "envolvimento pessoal", "novas formas de cultura", "conscientização e responsabilidade social", "respeito aos valores da comunidade", "instrumentalização para uma vida cívica". "atualização do tempo de lazer".

9. A Educação Fundamental no Desenvolvimento Sócio-econômico

Alguns projetos latino-americanos de Desenvolvimento Sócio-econômico têm sido equacionados através de propostas de capitalização acelerada de áreas regionais, "reformas de base" e a esperança conseqüente de mudanças sócio-econômicas derivadas. A Educação Fundamental entra aí de base" e a esperança conseqüente de mudanças sócio-cada das "regiões mais carentes" e das "comunidades mais pobres" para regiões escolhidas como "pólos de desenvolvimento; b) ela se moderniza, redefinida como um instrumento de produção acelerada de pessoal qualificado e de uma espécie de consenso favorável ("mudança de mentalidade") que resulta em modificações de atitudes populares sobre princípios mais *racionais* do que *afetivos*, mais *econômicos* do que *"sociais"* e mais *políticos* (associados ao jogo do poder político que gerencia a "mudança") do que *comunitários*.

Presenças mais agressivas da Educação Fundamental em programas aparentemente mais participativos e liberais de desenvolvimento (reformas de base + participação popular) têm sido tão efêmeras no continente quanto a história de boa parte dos governos que os colocam em prática e, com uma freqüência ao mesmo tempo assustadora e monótona, são substituídos por ditaduras militares viciadas em rotular até mesmo a participação popular sob controle governamental, como ameaças de subversão.

Nestas circunstâncias e enquanto algum programa deste tipo sobrevive em algum canto do continente, a Educação Fundamental chega a um de seus pontos limites. Em alguns casos históricos — a Venezuela dos anos 60, o Peru do mesmo período, o Chile de um pouco antes de Allende e, com muito maior conseqüência, durante o seu governo — a Educação Fundamental quase é a Educação Popular que nos espera algumas páginas adiante e aponta para uma dose razoável de propostas de transformação social através da participação *também* do povo.

Dependendo do "poder de plantão", a Educação Fundamental retoma nesses casos uma gramática política que deixara dissolvida antes entre fórmulas ingênuas ou francamente safadas de "educação comunitária". Algumas vezes ela conseguiu tender a tornar-se um dos instrumentos de médio ou longo alcance na formação de uma "consciência nacional", que chegou a resumir os seguintes chamados de mobilização popular: a) em favor de iniciativas nacionais de desenvolvimento autônomo frente às ameaças de "integridade nacional" armadas pelo imperialismo ("Ianque", quase sempre); b) em apoio de reformas de base que possam alterar as regras tradicionais de distribuição de meios de produção, de bens de consumo e de poder político; c) em favor da presença popular em iniciativas de racionalização de medidas e práticas econômicas.

Aí é onde a Educação Fundamental passa a ser desenhada como um dos lugares de preparação e viabilização dos canais de compromisso e comunicação entre "povo e governo". Mas é também quando ela mais se arma de poderes para, junto com outros grupos e agências mediadores do poder de estado, tentar substituir grupos de classe e ocupar o espaço de seus movimentos. Por isso, os lugares de ensino passam com freqüência a lugares de formação de grupos, de preparação de novos tipos de "líderes de comunidade", de discussão dos problemas locais.

Se, ocultando interesses políticos de controle popular, os momentos anteriores da educação dirigida a populações adultas carentes podem ser distribuídos entre práticas filantrópicas, corretivas, promocionais, este último momento aponta para uma orientação de envolvimento tecnicista. Vagos critérios "sociais e humanos" de promoção são substituídos em parte ou no todo por uma linguagem onde o economista, o técnico em planejamento, o "agente de mudança" despedem o voluntário, a professora, a assistente social (ou lhes roubam uma aparente autonomia e os submetem a seu controle imediato) e definem "metas" com prioridades no "campo econômico". Metas que comandam as estratégias centrais de "mudanças", "reformas" e "desenvolvimento". Mudanças e reformas pensadas no todo e feitas a meio, dentro dos limites sociais e simbólicos em que a ordem capitalista, sob governos mais ou menos populistas, pode renovar-se sem desfazer a orientação e a estrutura de suas relações determinantes.

No Brasil, depois de 1964 os programas de Educação Fundamental derivaram para uma gramática e uma prática de tipo autoritariamente econômico-tecnocrática. Ou, em outros casos, assumiram formas que os aproximam, com uma fala modernizada, das experiências primitivas de Alfabetização de Adultos.

No primeiro caso estão programas regionais de educação associados a projetos de desenvolvimento sócio-econômico. No segundo os primeiros momentos do MOBRAL, do PROJETO MINERVA e de seus semelhantes, cujas fórmulas retomam, ao tempo do "milagre brasileiro", a linguagem triunfalista do sucesso individual garantido para todos os que associem o esforço subalterno ao estudo insistente; e, nos dias de hoje, a linguagem consoladora do "aprenda a viver bem no meio da miséria".

Assim, para a primeira vertente, um seminário de definição da Educação Permanente para o caso brasileiro, patrocinada pela SUDENE em 1966, reunia as seguintes conclusões: a) "A Educação de Adultos deve estar intimamente ligada à formação profissional, às necessidades de 'reciclagem' ou de readaptação, provocadas pela modernização da região, enfim, à necessidade de uma 'capacitação' para que a população aumente os seus meios técnicos de participação no desenvolvimento" (SUDENE, 1967: 38); b) "A educação para o desenvolvimento, numa planificação global, tem que estar atenta às solicitações feitas pelas estruturas econômicas já implantadas, equipando-se para uma capacitação específica de grupos, e também voltada para a criação de uma mentalidade tecnológica (não confundir com a preparação das massas para a tecnologia) condizente com a atualização do homem no que diz respeito às relações da economia moderna" (SUDENE, 1967: 13).

Ao descrever aqui em rascunho tendências da Educação Fundamental, posso ter sugerido algumas impressões incorretas. Uma é a de que teria havido em todos os cantos uma passagem ordenada de um tipo dominante de modelo para outro quando, na realidade, o usual é que programas representantes de formas e momentos diferentes subsistam juntos, às vezes, dentro de uma apreciável desordem, dentro de um mesmo país. Outra é a idéia de que as experiências de Educação dirigida a adultos defasados são formas puras quando, de acordo com a conjuntura do tipo de sociedade em que se inserem, e de acordo com cada momento de seu próprio amadurecimento, algumas delas combinam princípios e práticas de vários tipos. Finalmente, lamento haver, quem sabe, apresentado aqui um conjunto de modos de atuação *sobre* o povo *através* da educação sem apresentar exemplos concretos e sem os discutir. Este não era um dos objetivos deste estudo, mas pode ser uma de suas falhas. Creio que podemos supri-la juntos, leitor, pelo menos em parte, recorrendo à bibliografia indicada onde, aí sim, casos concretos são exaustivamente estudados, seja recorrendo ao quadro que apresento nas páginas seguintes e que pode servir como uma síntese + exemplos do que falei até aqui.

Programa de educação	Conjuntura de surgimento do programa	Origem do programa	Grupos profissionais responsáveis	Localização + clientela	Objetivos declarados de programa	Objetivos políticos de interesse no programa	Situações-instrumento	Compromisso de programa	Modalidade de participação popular	Elementos diferenciadores do programa	Formas de programa
a) de EDUCAÇÃO FUNDAMENTAL nas fases de instauração na América Latina.	Países da América Latina por volta da década de 50. Começos de alguma ênfase de governo, e de sociedades civis no desenvolvimento social com a passagem de uma perspectiva assistencial para uma perspectiva promocional.	Anglo-germânica, com adaptações e patrocínio posterior da UNESCO.	Profissionais de nível médio (agentes de promoção social) e de nível superior (assistentes sociais, professores, agrônomos) + agentes promotores locais (padres, pastores, líderes institucionais).	a) Comunidades indígenas + áreas mais pobres de meio rural, ou áreas marginais em meio urbano.	A formação pessoal e comunitária para a melhoria — sobretudo familiar — de condições do nível de vida. O aumento das condições pessoais de participação na cultura e na vida comunitária.	Controle ideológico dentro de processos de mudança social de acordo com os interesses políticos e econômicos de grupos controladores dos programas. Melhoria das condições sociais mensuráveis e de efeito redutor de tensões sociais. Instrumentalização de pessoas e de grupos para a atualização de condições de vida em situações precárias.	Começos de reorganização de vida comunitária. Formação de grupos organizados de educandos (às vezes em oposição aos grupos naturais). Aulas de capacitação de mão-de-obra e uso de recursos diretos para a melhoria do nível de vida. Incentivo de aplicação dos conhecimentos em esfera familiar.	a) Muito variado. Com grupos confessionais, inclusive estrangeiros, com associações civis dedicadas à educação, com setores especializados do governo.	Participação não-individualizada mas ainda pouco comunitária. Ênfase de inclusão de pessoas em grupos criados pelos programas (clubes de mães, grupos de jovens etc.).	Mudança acentuada na formulação da ideologia do programa, frente à das formas primitivas. Universalização de propósitos sobretudo segundo os termos indicados pela UNESCO. Indiferenciação dos conteúdos da educação com predominância de conhecimentos gerais destinados à aplicação em setores especializados de "nível de vida". Produção de metodologias dirigidas especialmente a adultos.	Programas patrocinados pela UNESCO.
b) de EDUCAÇÃO FUNDAMENTAL no desenvolvimento comunitário.	Os mesmos países, nas áreas regionais com menores possibilidades de desenvolvimento sócio-econômico.	A mesma origem, mas com mais acentuada influência de experiências norte-americanas.	Os mesmos profissionais, com o ingresso de pessoal mais especializado. Formado, por exemplo, pelo CREFAL	b) As mesmas áreas com concentração em comunidades indígenas, em alguns países e em áreas rurais na maioria deles.	Formação individual e grupal através da organização e desenvolvimento comunitário. Desenvolvimento de atitudes de auto-ajuda, de participação e de compromisso com a vida comunitária. Melhoria do nível de vida através da aquisição de conhecimentos e de práticas de remodelação da qualidade do trabalho e através de processos coletivos de ajuda interindividual e intergrupal.	Os mesmos objetivos + transferência das responsabilidades de desenvolvimento para o nível local e para "as forças vivas da comunidade". Controle direto de processos de mudança a nível local. Deslocamento das alternativas de organização política e classista pelo esvaziamento de grupos populares ligados à conjuntura de trabalho, em benefício de grupos de representação comunitária.	Os mesmos anteriores — aumento da aplicação de formas de aprendizagem em situação comunitária, com um acentuado aumento da atribuição de responsabilidade e agentes populares (líderes locais, monitores, animadores). Formação de quadros comunitários de atuação em vários setores: educação, saúde, alimentação etc. Formação de grupos locais de representação entre a comunidade e as instâncias de controle.	b) Mesma situação dos programas anteriores, mas de forma mais diferenciada: maior controle de setores políticos de educação e promoção social. Aumento do compromisso de grupos confessionais, especialmente, de grupos católicos renovadores. Compromisso com grupos promocionais estrangeiros.	As mesmas anteriores com índices maiores de organização comunitária. Forma de reorganização de grupos comunitários de participação e de representação (às vezes com o esvaziamento das formas tradicionais e com a deposição de líderes tradicionais da comunidade). Tendência a institucionalizar, em nome do programa, todos os setores da vida comunitária e da participação popular.	Os mesmos anteriores + definição da educação fundamental como um instrumento de formação de agentes para o desenvolvimento comunitário. Constituição de uma ideologia de compromisso popular por oposição a uma ideologia de sucesso individualizado. Ênfase dominante sobre a formação de líderes como agentes de desenvolvimento local. Produção de conhecimentos dirigidos à melhoria do nível de vida. Programas divididos segundo as áreas do "nível de vida".	Programas patrocinados pela UNESCO através de agentes do CREFAL. Experiências de grupos de Igreja. Experiências sob o controle de Assistentes Sociais: Serviço Social de Comunidade.
c) de EDUCAÇÃO FUNDAMENTAL no desenvolvimento sócio-econômico.	Momentos de programas nacionais ou regionais de desenvolvimento com reformas. Áreas pólo de desenvolvimento.	A mesma origem, com mais ênfase norte-americana e domínio de técnicos de planejamento.	Os mesmos profissionais sob o controle de economistas e técnicos de planejamento e desenvolvimento.	c) Áreas consideradas como pólos regionais de desenvolvimento. Comunidades rurais e urbanas em condições de participarem de atividades com efeitos sobre relações estruturais. Áreas de reformas e de experiência de "modernização".	Formação de mão-de-obra de acordo com os momentos do desenvolvimento regional. Motivação para mudança de atitudes em direção às reformas e mudanças predeterminadas. Constituição de uma "consciência nacional" compatível com as propostas de desenvolvimento. Atualização da educação cívica e comunitária de futuros agentes de mudanças sociais. Formação acelerada de lideranças populares.	Os mesmos objetivos + constituição de força de trabalho popular capaz de integrar-se em obras infra-estruturais a baixo custo. Controle ideológico de grupos populares sob palavras de ordem de integração nacional etc. Mudanças estruturais limitadas, acompanhadas de mudanças de atitudes compatíveis.	Os mesmos anteriores + organização de grupos locais de trabalho. Constituição de canais populares de representação junto a setores políticos de nível regional. Deslocamento de líderes formados para instituições políticas e de classe.	c) Compromissos com programas regionais e nacionais de desenvolvimento sócio-econômico. Passagem de compromisso com líderes de "promoção social" para líderes institucionais e políticos de desenvolvimento. Redução da presença de grupos estrangeiros e "de igreja" X aumento de compromisso com setores de poder político regional.	Participação comunitária reduzida X participação "política" aumentada. Relevância de grupos de trabalho em programas de reforma e desenvolvimento. Constituição de grupos de poder popular constituído como representação junto a setores do governo.	Subordinação dos objetivos do programa educacional aos propósitos do programa de reformas e desenvolvimento regional. Ênfase sobre a formação de mão-de-obra e sobre a aquisição de conhecimentos "modernizadores". Oposição entre a ideologia destes programas dos itens anteriores: agentes promocionais-humanistas X agentes tecnocratas e economistas.	SUDENE programas de ação popular do Peru e no Chile.

E) A EDUCAÇÃO POPULAR

Este nome que todo mundo usa para quase tudo: educação popular, começa a ser escrito aqui com as iniciais maiúsculas: *Educação Popular*. Ao falar sobre suas experiências, tomo dois exemplos concretos: o *Movimento de Educação de Base* (MEB) e os trabalhos feitos com o *Método Freire.*[5]

No entanto, leitor, ao falar com mais vagar de como houve neles uma passagem "da Educação Fundamental" ao "Fundamental na Educação", recorro apenas ao exemplo do MEB. De algum modo as idéias contidas aqui continuam as de um artigo publicado na Revista PROPOSTA (nº 3) e escritas por José Peixoto Filho. A única razão de não me demorar no Método Paulo Freire e nas diferentes situações em que foi aplicado no Brasil está em que acredito que ele já é exaustivamente conhecido por todos.

10. A Educação de Base

A maior parte dos programas de Educação Fundamental combina uma origem remota de experiências de educação e promoção comunitária reciclada por agências internacionais como a UNESCO e a OEA, com remontagens atualizadoras, pequenas teorias e a prática diferenciada de diferentes tipos de agências nacionais de "educação" e "desenvolvimento", de que o SENAC, a SUDENE e o MOBRAL são exemplos brasileiros.

Ora, dentro de uma relativa e progressiva oposição a este tipo de trabalho de promoção popular através da educação, os programas que a partir dos anos 60 inauguram no Brasil a Educação Popular (com um marcado outro sentido ideológico para "educação" e, sobretudo, para "popular") combinam tipos de pessoas, tipos de idéias e, aos poucos, tipos de práticas diferentes. A Igreja Católica, alguns setores da Universidade e vários setores organizados do estudantado aprendem uma outra gramática — dos humanistas cristãos franceses às teorias do Instituto Superior de Estudos Brasileiros (ISEB) — e comprometem o trabalho com o povo através da *Educação Popular* e da *Cultura Popular* de outros sentidos pedagógicos e de outros propósitos políticos.

Quase sempre os diferentes programas de Educação Fundamental, sobretudo os usados pelo aparelho de estado para invadir domínios do saber, da consciência e da organização populares, tenderam a desgastar-se pela reprodução de sua própria ineficiência. Inclusive a ineficiência em realizar efetivamente essa invasão. Com poucas exceções foram efêmeros e, de um a outro, a memória dos povos os esquece sem culpas. No Brasil os trabalhos de Educação Popular tenderam a observar destinos diferentes e é bom que se comece a falar deles por aí: 1º) foram exterminados sob a ação direta ou indireta de setores repressivos de controle político nacional ou regional, sob a acusação de realizarem programas de educação incompatíveis com os termos e os interesses dominantes de salvaguarda da ordem política e social; 2º) foram colocados sob controle de agências oficiais correlatas e tenderam a redefinir seus projetos em direção à Educação Fundamental consentida e incentivada pelas autoridades (a "mobralização" do MEB, por exemplo); 3º) reescreveram as suas estratégias de ação e souberam recriar formas de trabalho com o povo capazes de sobrevivência e uma relativa eficácia dentro da rigidez da conjuntura política.

Na origem, o *fundamental* dos programas de educação para adultos defasados e comunidades marginais, que vimos até aqui, foi traduzido pelo MEB de uma outra maneira. O que antes foi "o mínimo necessário" para o estabelecimento de melhores "condições materiais de vida" nas "comunidades mais pobres", tornou-se o *básico* para uma vida digna da pessoa humana em uma sociedade justa, solidária.

Assim, a *Educação de Base* que deu o nome ao MEB e que no início diferia em muito pouco da *Educação Fundamental* foi primeiro praticada como um trabalho pedagógico que conduzia alunos, grupos, comunidades à aquisição de conhecimentos básicos (= fundamentais e primários) para um aproveitamento mais eficiente de seus recursos naturais e sociais, para a melhoria concreta de suas condições atuais de vida. Pouco depois a *Educação de Base* foi imaginada como uma prática que, entre outras, conduzia pessoas, grupos e comunidades populares a: 1º) tomarem consciência das dimensões naturais e históricas e da dignidade essencial do ser humano e do seu destino; 2º) criarem e consolidarem formas — se possível próprias ou progressivamente tornadas autônomas do próprio "programa" — de mobilização e organização popular que politicamente produzissem ações de mudança capazes de reescreverem as bases estruturais da sociedade. Vejamos como isto aconteceu mais de perto.

1º) *O sentido dos projetos de desenvolvimento tendo como* base *a organização popular.*

Nos programas tradicionais de *desenvolvimento comunitário,* todos os trabalhos dirigidos à organização-mobilização de grupos populares são uma espécie de situação-instrumento. São um meio para se atingir uma meta. São um recurso de que se valem os promotores populares para reorganizarem e reocuparem os agentes da própria comunidade nos encargos do seu "desenvolvimento". O sonho de produzir modificações de mentalidade e de atitudes, e de conseguir reagrupamentos populares modernizados que multipliquem ações coletivas de "melhoria de vida" é o propósito desses programas. O importante era construir fossas na comunidade e uma "comissão de fossas", popular, sob controle dos agentes do programa de promoção, era um instrumento do trabalho de abrir fossas, que era uma das metas da promoção que gerava melhoria de vida.

Dentro de um *movimento* como foi o MEB até pelo menos 1968, quase 1970, idéias de *promoção* e *desenvolvimento* tendem a subordinar-se a outras idéias, o que acaba dando um sentido relativamente novo para as idéias e práticas de mobilização e organização do povo através da educação.

Promoção e desenvolvimento são instrumentos necessários ao estabelecimento de condições mais justas e mais humanas de vida para todos. Mas ambos os processos devem ser realizados como acompanhantes tecnológicos e culturais de processos políticos de transformação estrutural da sociedade (que não é justa, nem boa, nem adequada, nem solidária, nem democrática, nem quase nada do que a palavra oficial vai dizer que ela é). Os processos de transformação social são de teor político e devem alterar todos os tipos de sistemas vigentes de relações consideradas como determinantes das condições sociais de vida do povo que é necessário modificar. Assim, a promoção social e a melhoria de vida *através* do desenvolvimento, *com* a participação do povo educado, não se traduz nem apenas, nem principalmente, *pela* alteração quantitativa de indicadores comunitários, regionais ou nacionais de "nível de vida". Uma coisa e outra se traduzem *na* conquista e constituição de uma outra ordem social (leia-se: social, política, econômica, cultural) que se transforme na *base* do desenvolvimento verdadeiramente afirmador do primado dos direitos da pessoa e dos princípios humanos de justiça e igualdade.

Assim, do tecnológico, que oculta o político, passa-se para o político, que submete o tecnológico. Antes de o lavrador meeiro aprender com o extensionista rural a usar melhor a terra, regando-a com adubos e defensivos, que aprenda com o educador popular e, cada vez mais, com a sua própria prática, a lutar pelo seu direito de possuir a sua terra.

A Educação de Base quer ser um instrumento neste processo de reconstrução social. Ela se propõe como um instrumento pelo fato de que todo o processo de transformação política da sociedade não deve apenas beneficiar aos subalternos, mas deve ser assumido e, na prática, conduzido por agentes populares. *Assumir* passa a significar *ser o sujeito do processo* do trabalho popular e coletivo de reescrita das regras do poder e, não mais, envolver-se como uma espécie de mão-de-obra subordinada em trabalhos tradicionais de desenvolvimento de comunidades.

Ora, como o produto do trabalho coletivo do povo deve ser também uma transformação do homem através da educação e deve resultar em transformações estruturais da sociedade através da prática do homem do povo educado, a velha idéia de *desenvolvimento* começa a ser lida como *libertação*: o trabalho coletivo que transforma uma ordem política de dominação em uma outra, solidária, onde (e apenas *onde*) é possível ao homem realizar-se como pessoa, naquilo que de fato lhe é *básico*.

Em 1965 o MEB explicita uma idéia já afirmada em sua prática, no Centro-Oeste, no Norte e no Nordeste do país:

> "Comumente se entende por Educação de Base aquela que proporciona os conhecimentos mínimos para se levar uma vida mais humana. Apesar de correta, esta definição não explicita suficientemente o que há de radical na Educação de Base. Básica é a educação que forma o homem em sua eminente dignidade de pessoa".
> "O processo de ação julgado adequado pelo MEB é o de Educação de Base, isto é, uma educação que visa formar o homem no que é, ao mesmo tempo, essencial e mínimo necessário para a sua realização como pessoa. Neste sentido, todo o trabalho educativo do MEB

é desenvolvido em uma perspectiva de autopromoção do povo, formando e assessorando líderes indispensáveis ao trabalho de animação de suas respectivas comunidades" (MEB, 1965: 11 e 12).

Ora, o que a escrita no papel não explicita (estávamos em 1965), a prática pretende afirmar: *autopromoção* não é um trabalho controladamente social e comunitário, mas, a partir de cada comunidade, um trabalho político de classe.

2º) *O sentido da participação popular e o lugar da Educação de Base*

Qual o tipo de homem que deve ser esse agente comunitário e popular de autopromoção? Um homem pobre, subalterno, que "mudou de atitude" modernizando-se em direção às propostas de controle e dominação através do desenvolvimento e através da educação no desenvolvimento, sentindo-se mais e mais comprometido com projetos de "melhoria" estendidos até ele desde fora? Por certo, não. Pelo menos, não dessa maneira.

Para a Educação de Base, segundo o "ver" do MEB, estava lançado o desafio de participar do trabalho pedagógico que transforma os homens (conscientização) para que eles se tornem sujeitos do trabalho político que transforma o mundo (politização). Esta nova educação torna *fundamental* aquilo que transforma o homem desde a sua base natural de pessoa e social, de classe subalterna: a sua dimensão de sujeito da história + a sua dimensão de agente transformador desta história em direção ao que afirma os direitos naturais e históricos do homem e consolida a sociedade igualitária, solidária, sem qualquer tipo de dominação.

É por este rumo que se pode perceber uma importante diferença entre os sistemas tradicionais de Educação Fundamental e o sistema de Educação de Base. Para os primeiros, fora a capacitação do aluno (recuperação do atraso escolar), o objetivo sempre foi o de "modificar atitudes no sentido do que poderíamos chamar aqui uma "consciência-programa". Alguma coisa capaz de oferecer a ilusão de modernização, de uma nova mentalidade popular que refletisse novas formas de organização e de trabalho "para o desenvolvimento", ocultando o interesse e a prática do controle externo sobre as opções de trabalho social e político dos subalternos. Alguma coisa capaz de transformar sujeitos de comunidades pobres (aos quais a dimensão de classe subalterna, de dominados politicamente, de explorados por um sistema opressor de trabalho era negada) em agentes terminais de programas de alteração da vida comunitária e da composição orgânica da classe, ditada por agência externa de educação e desenvolvimento.

Por oposição a esta "consciência-programa" de subordinação sob a aparência de participação, tanto a prática pedagógica do MEB, quanto a que derivou das idéias de Paulo Freire, buscavam gerar e desenvolver uma "consciência crítica", que contivesse pelo menos os três seguintes atributos: 1º) que fosse uma descoberta e um reconhecimento de dimensões pessoais e sociais a partir dos próprios valores dados e existentes na cultura do povo (base da prática da *Cultura Popular* a partir da *cultura popular*); 2º) que representasse um ponto de partida crítico e ativo de reavaliação desta própria cultura e de todo o conjunto de relações sociais que a geraram um dia e a conservam como é, como está dentro de uma determinada conjuntura política; 3º) que terminasse sendo — como direção concreta da *conscientização* — um dos pontos de origem da *politização*. O ponto de partida de uma integração do aluno-agente conscientizado em grupos e situações de trabalho comunitário e de classe, com objetivos de participação política que represente os interesses concretos e o projeto históricos dos dominados.

Assim sendo, em dois momentos o MEB define a relação entre a *educação* e a *conscientização* da seguinte maneira:

> "A conscientização representa, para o Movimento, a tomada de consciência pelo educando, de seus valores, da significação vivencial de seu trabalho de Homem no mundo. O Movimento entende que a conscientização é intrínseca à própria educação, pois ela significa ajudar alguém a tomar consciência do que ele é (consciência de si), do que são os outros (consciência de dois sujeitos), do que é o mundo (coisa intensionada), que são, sem dúvida, os três pólos de toda a educação integral... Ora, neste sentido, a Educação de Base, isto é, a educação que parte do Fundamental, do que primeiro coincide com o próprio princípio de conscientização" (MEB, 1964: 4).
>
> "A mudança de atitudes intrinsecamente ligada à conscientização representa a disposição para a ação cons-

ciente e livre a partir da compreensão e da crítica de situações concretas. Pode-se sintetizar mostrando que a Modificação de Atitudes encaminha-se em quatro direções: atitude de crítica, atitude de valorização, atitude de mudança, atitude de cooperação" (MEB, 1965).

Mais do que todos os outros movimentos de Educação Popular e/ou de Cultura Popular (os Movimentos de Cultura Popular e os Centros Populares de Cultura, de 1961 a 1965), O Movimento de Educação de Base teve tempo e espaço para atravessar diferentes fases de explicitação de sua teoria de compromisso popular através da educação e de sua prática pedagógica. Ele cobriu algumas áreas da Região Norte, várias do Nordeste e outras tantas de Mato Grosso e Goiás. Durante períodos de 61 a 65 e de 66 a 70 ele atuou, entre "piques" e "crises", "nas áreas mais subdesenvolvidas do país", até quando, sob a pressão repressora conjugada do aparelho de estado e de setores conservadores da CNBB, perdeu as suas características de um Movimento de Educação Popular e transformou-se em uma variante tardia de Educação Fundamental; uma espécie de "Mobral de batina".

Durante os seus primeiros anos o instrumento de frente do trabalho do MEB foi a Escola Radiofônica, cujos princípios pedagógicos ele inovou mais do que possivelmente qualquer outra instituição do ramo. Pelo rádio o MEB transmitia a sua mensagem a grupos de radioeducandos organizados ao redor de um monitor. Este monitor era uma das pessoas alfabetizadas da própria comunidade, treinado para o exercício da mediação entre a fala irradiada do Movimento e a pequena comunidade reunida de alunos. Dos alunos da Escola e, sobretudo, do monitor, eram esperadas ações de mobilização local para trabalhos de autopromoção comunitária, ou para trabalhos de classe (sindicalização rural, formação de grupos de pressão e defesa dos direitos dos lavradores).

No auge de seus curtos anos de maturidade, o MEB transportou o melhor de sua prática para ações diretas "junto às bases". Uma das formas pelas quais este trabalho educativo não-escolarizado surgiu e cresceu foi a *Animação Popular*.

"A Animação Popular é um processo de estruturação de comunidades e organização de grupos, progressivamente assumido por seus próprios membros a partir de seus elementos de confiança. A comunidade organiza-se como conseqüência da descoberta de seus valores, recursos e suas necessidades em busca da supressão de seus problemas sociais, econômicos, culturais, políticos e religiosos, no sentido da afirmação de seus membros como sujeitos" (MEB, 1965: 26).

O que sempre mais importou no trabalho de Animação Popular não eram os seus resultados físicos, mensuráveis, indicadores de alguma coisinha a mais na "melhoria da vida", como sete ou oito fossas construídas com "os esforços comuns da população da comunidade". O mais importante era o trabalho *sendo feito* e, mais ainda, o trabalho popular de organizar-se (se possível segundo os termos de sua própria cultura). Assim, os objetivos eram sociais, eram políticos. Os agentes do MEB não queriam engajar-se no engano de pensar (ou de fazer os outros pensarem) que a simples soma de inúmeras comunidades organizadas de fora e em desenvolvimento material limitado, poderia produzir um verdadeiro processo de promoção social, de transformação estrutural da sociedade sob a condução de agentes do povo, sujeitos participantes não só *do trabalho* do desenvolvimento, mas também das decisões políticas de definição deste trabalho e de seu sentido. As mudanças previstas e desejadas não podem ser programadas (embora, às vezes, na prática, fossem), nem realizadas "de baixo para cima", do comando técnico dos agentes para os agentes da comunidade. Tudo o que acontecer no "trabalho comunitário" desenvolvido a partir da Animação Popular deve ser assumido por seus participantes, realizado de acordo com a sua decisão e avaliado como uma conquista popular de organização e luta por mudanças. Um trabalho trazido pelo MEB à comunidade, mas que dentro dela só deveria ter qualquer tipo de continuidade se pudesse representar, ao mesmo tempo, um valor de afirmação de sua cultura (daí porque a base da *Animação Popular* era a ideologia vigente da *Cultura Popular*) e um instrumento político de mobilização popular: uma mobilização política de agentes da comunidade, da classe, conscientes e dirigentes de sua própria prática de classe, da comunidade, *através* de uma iniciativa pedagógica de um movimento de Educação de Base.

Assim, um desenho simples de algumas oposições entre o *Desenvolvimento de Comunidades* associado à Educação Fundamental costumeira e a *Animação Popular* associada à Educação de Base proposta pelo MEB poderia ser feito da seguinte maneira:

Programa de educação	*Conjuntura de surgimento do programa*	*Origem do programa*	*Grupos profissionais responsáveis*	*Localização + clientela*	*Objetivos declarados do programa*	*Objetivos políticos de interesse no programa*	*Situações-instrumento*	*Compromissos do programa*	*Modalidades de participação popular*	*Elementos diferenciadores do programa*	*Formas do programa*
d) **A EDUCAÇÃO DE BASE DO MEB**	**Conjuntura nacional sob tônica do desenvolvimentismo. Conjuntura de igreja dominada por encíclicas modernizantes de direitos humanos e mudanças sociais + Concílio Vaticano II + movimentos sociais de ação católica.**	**Movimentos laicos e católicos de educação e promoção social (Senegal. Sutatenza, SAR de Natal), grupos de ação católica, depois de profissionalizados. Bases teóricas personalistas, de tendência francesa.**	**Leigos católicos e padres ligados aos movimentos de ação católica. Jovens intelectuais e universitários católicos. Educadores (professores primários, em boa medida), treinados para atuação a nível regional e local.**	*d*) **Comunidades rurais das áreas mais "subdesenvolvidas do país". População local.**	**Instrumentalização de jovens e adultos de meio rural. Conscientização. Formação de grupos populares de ação comunitária e de representação de classe (sindicalismo).**	**Transformações estruturais em direção a uma sociedade mais justa e humana, através da ação política popular.**	**Escolas radiofônicas, animação popular, mobilização de grupos populares a partir da ação de líderes locais (monitores).**	*d*) **População das áreas rurais atingidas pelo programa a nível de "habitação". Categorias de produtores rurais como classe social.**	**Constituídas sobre a liderança de monitores, sobre grupos locais e, de modo mais amplo, sobre comunidades rurais de lavradores.**	**Foco sobre uma perspectiva de história, pessoa humana, direitos humanos, justiça e transformação social segundo princípios cristãos e personalistas. Conscientização como base de todo o programa educacional.**	**Movimento de Educação de Base.**

Com os dados de uma visão de marcada renovação cristã — que uma linguagem menos sutil sempre preferiu chamar de "esquerda católica" — definida em termos práticos pela combinação de uma leitura crítica da realidade social e uma aplicação menos estreita da Doutrina Social da Igreja Pós-Conciliar, foi em grande medida a "teoria" da Educação de Base do MEB, que co-introduziu as idéias de *história* e de *libertação* do homem-povo na história, como categorias do horizonte da Educação Popular. Introduziu novos termos e propostas novas de sentido para as idéias de mudança e desenvolvimento, calcados sobre os direitos da pessoa humana e produzidos tendo os subalternos da sociedade como seus sujeitos e agentes de frente. As mudanças pretendidas deixam de ser as de um *espaço* pré-definido (a comunidade, a região ou a nação) e se transformam nas de um *tempo* a transformar: a passagem de um tempo histórico para um outro; de um mundo (sociedade no tempo) regido pela dominação, para um mundo regido pela igualdade e justiça.

11. A Educação Popular

A teoria e a prática da Educação Popular fundadas sobre os termos acima aparecem de maneira ainda mais precisa nas idéias de Paulo Freire. É possível que até hoje não tenha havido ainda uma forma de trabalho com os subalternos através da educação tão claramente definida como a do Sistema Paulo Freire. De uma aparência da proposta simples de um "método de alfabetização", o que Paulo Freire introduziu nos trabalhos de educação foi, mais do que na Educação de Base do MEB, uma transformação radical não só do *trabalho pedagógico do educador* (uma nova pedagogia), mas *do sentido e do uso político da educação* (uma nova práxis de compromisso popular através da educação).

De um modo muito simples é possível dizer que tanto ele quanto o MEB de antes de 1970 procuraram tornar uma educação fundamental *para o povo* (= os valores e interesses políticos de grupos externos mediadores de controle político dominante retraduzidos em uma linguagem de promoção do povo), em uma educação *do povo* (os valores culturais e o poder político de grupos populares retraduzidos através de uma educação destinada a ampliar o poder político de sua prática). Esta teria sido, finalmente, a descoberta feita por educadores brasileiros daquilo que é fundamental na educação. É também a descoberta de como, afinal, a uma educação *populista* pode se opor uma educação *popular*.

Para todos aqueles que têm desde algum tempo um interesse acadêmico ou um compromisso de prática da Educação Popular, as idéias de base e os princípios do Método Paulo Freire de Alfabetização de adultos são por certo bastante conhecidos. Essa é a razão pela qual não os discuto aqui com maiores detalhes. Prefiro deixar nas páginas seguintes um esquema semelhante ao que fiz para a Educação de Base. Espero que além de útil ele seja digerível, e não lhe acabe com a paciência, leitor.

F. A EDUCAÇÃO POPULAR HOJE: ALTERNATIVAS

A *Educação Popular* supõe que as camadas de populações mais marginalizadas e mais pobres se apropriem de um novo saber-instrumento; um saber que pode ser usado diretamente na realização dos objetivos sociais destas camadas (Costa, 1977: 5). É *novo* porque, qualquer que seja a situação atual de um grupo popular, ele possui o seu saber: a) suas técnicas de vida e de trabalho; b) suas normas culturais de controle do comportamento nas relações sociais; c) sua ideologia, ou seja, o seu modo próprio — embora imposto por outras classes sociais — de compreender o seu mundo e participar em sua sociedade. Muitas vezes é a este conjunto de conhecimentos do povo que se dá o nome de *cultura popular*.

Ora, tanto nos primórdios da Educação Popular no Brasil quanto hoje em dia, duas idéias sempre estiveram presentes pelo menos nas bases teóricas dos promotores de trabalhos de *Cultura Popular* através da *Educação Popular*. Primeiro, a idéia de que os verdadeiros valores *para o* povo são os seus próprios valores, a partir de seus modos próprios de viver e explicar a vida. Segundo, a idéia de que este saber que existe como valor da cultura do povo, ou como a sua ideologia, no estado em que está por causa da posição subalterna que sujeitos e grupos dominados ocupam na sociedade desigual, não é suficiente nem adequado para traduzir para o povo a sua posição na sociedade, as causas

Programa de educação	*Surgimento do programa*	*Origem do programa*	*Grupos profissionais responsáveis*	*Localização + clientela*	*Objetivos declarados do programa*	*Objetivos políticos de interesse no programa*	*Situações-instrumento*	*Compromissos do programa*	*Modalidades de participação popular*	*Elementos diferenciadores do programa*	*Formas do programa*
e) A EDUCAÇÃO POPULAR DO SISTEMA PAULO FREIRE	Semelhante a D + processos de popularização do meio universitário + formação de experiências de extensão universitária e de movimentos universitários de cultura popular.	Grupos brasileiros constituídos em torno da universidade.	Professores e alunos de universidades + grupos católicos e evangélicos constituídos em torno de projetos de promoção social através da cultura popular.	e) Comunidades rurais (mais no Nordeste) e algumas comunidades urbanas marginalizadas (favelas).	Semelhantes aos de D.	Semehantes aos de D.	Círculos populares de cultura.	e) Iguais aos de D, com variações para o caso de comunidades urbanas.	O círculo de cultura como grupo mobilizador de organização popular.	Foco semelhante ao de D, com uma perspectiva mais definidamente culturalista. Um sistema de alfabetização constituído como instrumento de conscientização.	Movimentos de Cultura Popular (Paulo Freire). Programa Nacional de Alfabetização.

estruturais da desigualdade e as articulações necessárias para a quebra da hegemonia da dominação.

Portanto, juntando uma coisa com a outra (e como isso é difícil!), uma prática conseqüente da Educação Popular deve partir não apenas do saber popular constituído, da cultura do povo, mas dos dados reais da vida cotidiana que constituem e renovam sem cessar este saber e a cultura que ele cria e onde existe. Ela deve partir também dos projetos populares de *atualização social;* do estado e das condições concretas de sua formação, de sua mobilização de dentro para fora, e não de objetivos através de etapas definidas segundo os interesses políticos (servir a outras classes) ou pedagógicos ("mostrar serviço" em cima do povo). Começando das condições de vida e de trabalho político, dos valores e do modo de saber real, deve criar situações em que tudo isso seja instrumentalizado, atualizado. Sendo um programa de Educação Popular, deve levar em conta a existência de sistemas próprios de *educação do povo,* de formas próprias de criação e reprodução do saber entre grupos subalternos.

Ao falar aqui muitas vezes de tipos, modos e formas que são traduzidos por programas de educação dirigida a sujeitos populares, falei de várias "educações": a "fundamental" (também: "de adultos", às vezes, com ambições maiores, a "permanente"), a "de base", a "popular". Agora estou falando de *educação do povo,* de *educação de classe,* dando a este *do* e a este *de* muito mais o sentido de *próprio do* do que *sobre* ou *para* o povo. Procuremos dar significados a isso, antes de cairmos juntos, leitor, no buraco da confusão dos nomes que não dizem nada.

É muitíssimo raro que uma educação própria do povo, passada no seu meio, entre seus agentes, seja mencionada em qualquer escrito sobre a Educação Popular. Isto porque os processos e meios pelos quais as classes subalternas (fora do controle mesmo indireto das "escolas", "programas" e "recursos" pedagógicos oficiais) transmitem o seu saber e criam a sua cultura, são invisíveis, mesmo aos olhos do educador mais comprometido e bem-intencionado. Mas esta forma de educação muito pouco "oficial" e, menos ainda, "formal", existe por toda parte. Existe no saber que a comunidade, através do pai e de outros lavradores mais velhos, transmite aos meninos e jovens sobre o trabalho com a terra. Existe, em uma outra dimensão, nos momentos e situações em que um operário, à margem do "saber oficial da fábrica", aprende a ser um militante sindicalizado de sua classe; aprende com os "companheiros" em uma sua agência de classe, através de sua participação direta nos momentos de *trabalho de classe.*

Sob certos aspectos esta talvez seja uma forma de educação de jovens e adultos mais antiga, importante e contínua do que todas as outras. Do que a do MOBRAL e a do SENAI, por certo, do que a Educação Popular "da Igreja comprometida com o povo", sob muitos aspectos. Porque, vivida e pensada entre mestres e educandos da própria classe, ela os acompanha, viva, na prática de aprender aquilo que é realmente básico, fundamental, para o povo, enquanto classe.

Assim, se pudermos supor juntos, amigo leitor, que existem modalidades efetivamente populares de educação popular, então nossos esquemas de referências precisariam ser revistos. Sobre um modelo de oposições baseado no par *Educação Fundamental* × *Educação Popular* podemos construir um outro assim: *Educação Fundamental* × *Educação Popular* × *Educação de Classe* (ou educação do povo). Melhor ainda seria pensar num modelo assim, mais coerente contudo o que tem sido sugerido até aqui: *Educação Fundamental* × *Educação Popular* + *Educação de Classe.*

Isto porque, pelo que foi visto, o conjunto de práticas que rotulei como de *Educação Fundamental* serve em última análise à reprodução de uma ordem social de acordo com os termos e interesses de grupos não-populares (ainda que às vezes muito populistas). Peço desculpas para insistir em que, guardadas as diferenças de um para o outro, eles são programas que, através da educação, atualizam um sistema atual de relações de domínio de classes sobre classes, através do saber que transmitem e da manipulação que realizam nas comunidades em que atuam. Todas as formas oficiais da *educação primitiva* estão neste grupo, assim como várias da *Educação Fundamental,* sobretudo as patrocinadas direta ou indiretamente pelo poder dos estados autoritários, ou pelas agências civis de representação pedagógica dos interesses do capital.

Dentro deste estranho exercício de classificação de modos de práticas de educação, é melhor falar do segundo depois do terceiro. Este último reúne o que lavradores, operários, pescadores e outros tantos tipos de sujeitos do povo fazem para aprender a viver de seu trabalho e aprender o trabalho social de viverem em suas organizações de classe ou de comunidade.

Finalmente, a meio caminho está o que vai da fronteira mais rara e avançada da Educação Fundamental até o que foi no passado a Educação de Base do MEB, por exemplo, e as diferentes práticas de Educação Popular no Brasil (Paulo Freire, CPCs, MCPs). Até o que são, hoje, as tantas experiências novas de trabalho com o povo através da educação e que, por sua importância, não cabe a este fim de estudo descrever.

Um dos dilemas das experiências atuais de Educação Popular é que, incluindo ou não trabalhos pedagógicos de *escolarização* (alfabetização, pós-alfabetização etc.), dirigindo-se às classes e comunidades pobres, subalternas: a) procuram ser um serviço de transmissão de saber e de reforço de organização, de mobilização popular de acordo com interesses identificados como "do povo", "da comunidade"; b) procuram partir dos *valores de comunidade* (a cultura do povo) para produzirem, a seu serviço, *valores comunitários* de teor político (a Cultura Popular); c) oscilam, na prática e no concreto, entre *valores do sistema* (de que querem se libertar) e *valores de classe* (das classes subalternas com que se querem comprometer).

Esta oscilação se dá porque, na verdade, o trabalho de Educação Popular muitas vezes não parte de uma fonte real de poder social. Poder este que existe como poder dominante, nas classes e nas agências de mediação dos interesses do *capital,* entre elas, as de educação. Poder este que existe, como poder dominado (o poder dos fracos, dos subalternos, dizem alguns) nas classes e nas agências de mediação dos interesses do *trabalho* (das classes trabalhadoras), entre elas, a Educação Popular. Assim, o que existe de real no campo dos enfrentamentos políticos de classe são organizações, mobilizações, formas de saber, tipos de educação *do sistema,* ou *das classes subalternas: educação do sistema* (que reúne a Educação Fundamental à educação escolar formal) × a *educação de classe.* De um lado ou do outro, do capital e do trabalho é que partem projetos históricos de preservação ou de transformação da ordem social.

Todo o trabalho *com o povo* feito por agentes sociais eruditos (de que o educador popular é um bom exemplo), que pretendem colocar-se "do lado do povo", em compromisso político com ele, não pode possuir outros objetivos que não sejam os de colocar-se como instrumentos de apoio e instrumentação dos espaços e organizações populares de trabalho político. No dia-a-dia da vida dos programas de Educação Popular, o que sempre existe é uma negação teórica, muitas vezes também prática, de qualquer tipo de compromisso com os *valores do sistema,* associada à dificuldade de se assumir integralmente valores e compromissos orgânicos das classes populares a que se dirigem. Não foram poucos e podem seguir sendo muitos os programas de Educação Popular que são, direta ou indiretamente, absorvidos pelos valores e lógica do sistema, colocando-se apenas como uma de suas expressões pedagógicas "mais avançadas". Também não são poucos aqueles sobre quem pesa a ameaça de caírem na tentação de formularem os seus próprios projetos históricos de mudança estrutural, em direção à "libertação do povo". Estes programas, ao invés de somarem forças com o próprio trabalho popular, acabam defendendo idéias e interesses parciais, como os de uma igreja, do estudantado, de um partido e assim por diante. A tentação de um profetismo míope existe sempre também na educação.

Desenho abaixo um esquema que procura traduzir as idéias que, colocadas aqui ainda em estado de rascunho, ficam a exigir um aprofundamento maior mais adiante.

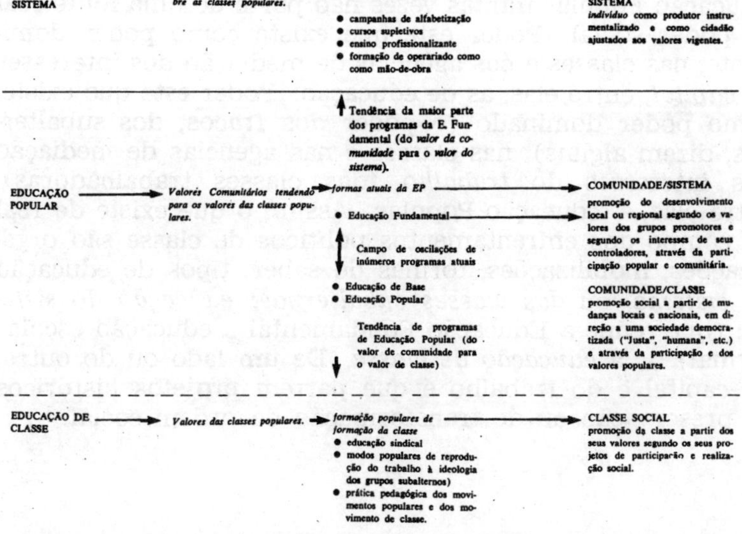

NOTAS

1. Escrito com minúsculas, "educação popular" será aqui o conceito mais abrangente. Envolve todos os tipos conhecidos de práticas pedagógicas destinadas à atualização de jovens e adultos defasados de algum modo do ponto de vista escolar. Mais adiante, com iniciais maiúsculas, "Educação Popular" será um tipo específico de "educação popular" e irá se opor a outros modos.

2. Dois livros podem ser buscados pelo leitor, para que ele tenha diante dos olhos toda a informação de história da educação popular, acompanhada de dois estilos complementares de sua análise. Um deles foi escrito por Vanilda Pereira Paiva: *Educação Popular e Educação de Adultos* (1973) e, o outro, por Celso Rui Beisiegel: *Estado e Educação Popular* (1974).

3. A UNESCO procurou estabelecer a diferença entre *alfabetização elementar* e a *alfabetização funcional*. De acordo com os seus critérios, só há uma verdadeira alfabetização no segundo caso. A alfabetização elementar, de uso costumeiro nas "campanhas" do passado, não oferece ao educando mais do que alguns rudimentos da capacidade de ler e escrever. São freqüentes neste nível os casos de regressão ao analfabetismo.

4. São exemplos conhecidos: Cruzada Nacional de Educação (1932), Bandeira Paulista de Alfabetização (1933), Campanha de Educação de Adultos (1947), Campanha Nacional de Alfabetização e Erradicação do Analfabetismo (1958). Quem quiser encontrar outros exemplos de atividades de educação popular dentro de uma outra divisão de formas e experiências deve ler o excelente artigo de Aída Bezerra: *As Atividades em Educação Popular* (1977).

5. São duas experiências de Educação Popular muito conhecidas e seria desnecessário descer aqui a maiores detalhes sobre o funcionamento de um e outro. Para o caso do Movimento de Educação de Base, encaminho o leitor para alguns de seus próprios documentos, sobretudo os escritos entre 1961 e 1966. Os "Relatórios Anuais" e o MEB em 5 Anos (1966). Há um pequeno e muito oportuno artigo de José Peixoto Filho (1976) e, finalmente, o livro, infelizmente em Inglês e ainda sem tradução, escrito por Emanuel de Kadt: *Catholic Radicals in Brazil* (1970). No momento pelo menos 5 pesquisas sobre o MEB estão sendo realizadas no Brasil. A respeito de Paulo Freire o leitor encontrará uma imensa bibliografia. Sugiro que comece pela leitura atenta de seus próprios livros e artigos, escritos tanto aqui no Brasil, até 1966, quanto no exílio, até 1980. Entre os livros, escritos por outros estudiosos do assunto, recomendo o de Sílvia Maria Manfredi: *Política — Educação Popular* e o do educador uruguaio Júlio Barreiro, publicado antes em espanhol pela Siglo XXI e, recentemente, traduzido para o português e publicado pela Editora Vozes: *Educação Popular e Conscientização* (1980).

BIBLIOGRAFIA

BARREIRO, Júlio. *Educação Popular e Conscientização*, Vozes, Petrópolis, 1980.

BEISIEGEL, Celso Rui. *Estado e Educação Popular*, Pioneira, São Paulo, 1974.

BEZERRA, Aida: "As Atividades em Educação Popular", em *Educação Popular — CEI/Suplemento 17*, Tempo e Presença, Rio de Janeiro, 1977.

COSTA, Beatriz Bebiano. "Para Analisar uma Prática de Educação Popular", em *Educação Popular — CEI/Suplemento 17*, Tempo e Presença, Rio de Janeiro, 1977.

DE KADT, Emanuel. *Catholic Radicals in Brazil*, Oxford University Press, Londres, 1970.

GARCIA, Pedro Benjamin. *Educação: Modernização ou Dependência*, Francisco Alves, Rio de Janeiro, 1977.

MANFREDI, Silvia Maria. *Política: Educação Popular*, Símbolo, São Paulo, 1978.

MEB: Movimento de Educação de Base. *O MEB em 5 anos*, Rio de Janeiro, 1964.

MEB: Movimento de Educação de Base. *As Escolas Radiofônicas do MEB*, Rio de Janeiro, 1964.

PEIXOTO, José Pereira. "Movimento de Educação de Base (MEB): Alguns Dados Históricos", *Proposta/3*, FASE, dez/1976.

RAMALHO, Jether Pereira. *Prática Educativa e Sociedade*, Rio de Janeiro, Zahar, 1976.

O Saber
e o
Ensino do Saber

para Márcio Campos, físico, mas cheio de perguntas sobre o homem e o seu saber.

palestra de abertura do V Simpósio Nacional de Ensino de Física.

Belo Horizonte - janeiro de 1982

"Na realidade eu nunca fui mestre de ninguém".
Sócrates

A única razão que parece justificar vocês haverem convidado um antropólogo, que às vezes gosta de pensar e escrever sobre o ofício do educador, a falar na abertura deste Simpósio, deve ser a de que em pelo menos um ponto somos todos iguais. Somos todos professores e, com variações de ritmo e retórica, pensamos e falamos alguns sonhos e esperanças semelhantes. Que outra razão poderia haver para que o convidado fosse um sujeito tão reconhecidamente ignorante das questões mais importantes de qualquer tipo de ciência, hoje, e, de modo muito especial, de vossa ciência, a Física?

Já que posso partir desta hipótese, penso que deveria iniciar as trocas e debates destes dias que, eu espero sejam críticos, fecundos e criativos, com algumas idéias a respeito do trabalho do professor. Todos sabemos que há questões metodológicas concretas fundamentais. Creio que muitas delas serão discutidas em outros momentos deste Simpósio. Sabemos todos também que, de outra parte, há questões políticas que envolvem tanto a vida e o trabalho imediatos do educador quanto o próprio sentido das relações entre a educação e a sociedade, a ciência e a felicidade dos cidadãos. Espero que também elas sejam abordadas aqui. Espero que o teor especializante de um Simpósio como este, não deixe de ser um momento a mais de crítica política dos destinos do trabalho científico e do trabalho pedagógico, que a todos nos torna navegantes de um mesmo barco. Dos professores da escola primária aos doutores dos cursos de pós-graduação, cada vez é maior entre nós e mais profunda a consciência de que a nossa própria prática, seja ela predominantemente a do pesquisador, seja a do professor, não nos exime de pensar o sentido político do nosso trabalho. Não nos exime de tomar posição, de nos associar em grupos de classe e de participar, ativa e criticamente, de todo o processo de democratização dos mecanismos e estruturas de produção e reprodução do saber no País.

Mas entre um polo de questões e outro, eu quero ficar a meio caminho, e quero refletir aqui sobre algumas dúvidas a respeito das condições imediatas de realização do trabalho individual e coletivo do educador. Antes de pensarmos os detalhes relevantes do ensino de Física no Brasil; antes de meditarmos juntos sobre o nosso *lugar*, nos lugares onde se fazem as alquimias da ciência e da educação no país, por que não começarmos por pensar as condições que nós nos oferecemos uns aos outros, para vivermos a prática do professor, hoje, aqui?

Quero falar, portanto, como professor a professores. Quero falar sobre espantos e dúvidas, mas também sobre rumos e caminhos daquilo que tem a ver, concretamente, com a divisão social do poder de produzir o saber e distribuir a ciência e o ensino. Quero convocar os momentos finais de vida de um companheiro com quem sempre há muito a aprender, e que morreu acusado de ser um cientista e um professor.

> *"Sócrates é culpado de investigar em excesso os fenômenos subterrâneos e celestes, de fazer prevalecer sobre a melhor, a pior causa e de ensinar aos outros esta doutrina".* [1]

Sócrates, o filósofo, é acusado de corromper a juventude e é julgado por um conselho de juízes atenienses. Ele se defende dos seus acusadores e julga os juízes, avisando-o dos riscos do erro de condená-lo. Ele acusa outros professores de seu tempo.

---

1. *Apologia de Sócrates*, Editorial Verbo, Lisboa, 1972, p. 68. Esta apologia foi escrita por Platão, filósofo e díscipulo de Sócrates, presente nos acontecimentos que culminaram na sua morte.

"Mas, se nada disso é verdadeiro, tampouco o é a afirmação que tendes ouvido fazer de que me ocupo a instruir as pessoas a troco de dinheiro. Não é que eu não admire os que são capazes de instruir os outros, como o fazem Górgias de Leontinos, Pródico de Ceos e Hípias de Élide. Cada um destes homens, Atenienses indo de cidade em cidade, sabe persuadir os jovens, que poderiam conviver de graça com qualquer dos seus cidadãos à sua escolha, a abandonar o convívio destes e procurar o seu, com a obrigação de pagamento e, ainda por cima, de reconhecimento. Mas temos cá ainda um outro sábio, natural de Paros, que, segundo fui informado, reside aqui. Calhou eu ir a casa de um homem que tem pago aos sofistas mais dinheiro do que todos os outros, Cálias, filho de Hipônico. Como sabia que ele tinha dois filhos perguntei-lhe: 'Cálias, se, em vez de dois filhos, tivesse dois poldros ou dois novilhos, poderíamos arranjar quem, mediante um salário, se encarregasse deles, de molde a desenvolver neles todas as suas qualidades segundo a sua natureza. A pessoa indicada seria um tratador de cavalos ou um agricultor. Mas, visto que se trata de homens, a quem pensas tu confiá-los? Existe alguém que seja entendido nas virtudes próprias de um homem e de um cidadão? Suponho que, tendo filhos, já pensaste no assunto. Há alguém, continuei eu, ou não? — Sem dúvida que há, disse ele. — Quem é essa pessoa?, perguntei. Donde é natural? Qual o preço de suas lições? — É Eveno de Paros, respondeu, e o preço, Sócrates, são 5 minas'. E eu pensei que era de felicitar Eveno, se realmente possui esta arte e a ensina com tanta moderação. Pela minha parte, sentir-me-ia feliz e orgulhoso, se fosse capaz de fazer o mesmo. Mas a verdade, Atenienses, é que não sou". [2]

A fina ironia que é arma do pensamento de Sócrates e o melhor instrumento do seu ensino, inverte com sutileza o sentido das relações do ofício do professor. Ele se acusa de não ser capaz de saber vender o seu saber. Ele se acusa para condenar aquele a quem o saber da ciência e a ciência do saber ensinar, conduzem ao comércio mais do que à virtude, que deveria ser o horizonte da verdadeira sabedoria. E, mais adiante em sua defesa inútil diante de juízes prontos

---

2. *Apologia de Sócrates*, pp. 60 e 61.

de antemão a condená-lo, ele se defende de ser justamente pobre, para nunca deixar de querer ser sábio e ensinar a virtude.

> *"Ora, que eu sou realmente um homem dado por deus à cidade, podeis verificá-lo pelo seguinte: num plano puramente humano não seria compreensível que eu tivesse descurado todos os meus interesses pessoais, suportando há já tantos anos as conseqüências desta atitude, para me dedicar exclusivamente a vós, aproximando-me de cada um em particular, como um pai ou como um irmão mais velho, persuadindo-o a ocupar-se da virtude. E ainda que eu tirasse daqui algum lucro, se os meus conselhos fossem dados em troca de um salário, haveria uma explicação para a minha conduta. Mas vós próprios estais a ver que os meus acusadores, que com tanto impudor me atribuem toda a casta de faltas, não tiveram, porém, o descaro de apresentar uma testemunha só que fosse para afirmar que me viu receber ou pedir algum salário. E que eu apresento uma testemunha que prova decisivamente, creio eu, a verdade do que afirmo: a minha pobreza."* [3]

Tal como nos outros momentos de toda a sua vida de investigador da virtude pelo caminho da sabedoria, Sócrates diz a verdade diante dos seus juízes. Por isso terá talvez sido condenado à morte. Ele diz sem dúvida a verdade, e mais, diante dos que um pouco adiante iriam condená-lo à morte, ele diz toda à verdade. Mas sem dúvida também, ele faz algum charme em seu favor. Ao se defender perante juízes e acusadores, o velho filósofo, acusado de investigar mistérios interditos ao homem, negar os deuses da "Polis" e corromper os jovens, grita por sua inocência com base em alguns fatos simples, para os quais chama em testemunho todos os que o viram durante anos trabalhar em Atenas nas casas públicas, ruas e praças. Ele sempre investigou livre e desinteressadamente, e ensinou sem cobrar a quantos também, livre e desinteressadamente, o procuraram.

Mas o que estas questões passadas entre "gregos de alto nível" encobrem, é que naquela democracia de aristocratas, sustentada pelo trabalho de escravos e cuja visão do

---

3. *Apologia de Sócrates*, pp. 87 e 88.

mundo de então dividia-o entre gregos e bárbaros, havia outras categorias de sujeitos que ensinavam de graça, ou a troco de um pagamento não muito menos miserável do que o de nossos professores de primeiro grau. Havia os escravos *pedagogos*, quase sempre velhos "bárbaros" aprisionados, encarregados pela família aristocrata que os possuia, de conduzir as crianças a caminho da escola. Na verdade, de conduzi-las também a caminho da vida. Não é outra a razão que fez os gregos deixarem em pequenas estatuetas de barro a imagem de velhos pedagogos com as suas crianças; estes preletores cativos dedicados a ensinar aos meninos livres as virtudes do viver em liberdade.

Havia os mestres-escola, de quem a arte grega não fez imagens, e a memória dos gregos não fez a história. Nos escritos em que os estudos sobre a educação reconstroem os seus passos, eles aparecem como "mercadores de primeiras letras". Ex-escravos libertos, homens livres falidos e endividados, rudes sujeitos que, na falta da sabedoria de um ofício melhor, caíam na desgraça de terem de abrir, no mercado, ao lado de outras lojas, uma de: "primeiras letras".

Havia aqueles que, em níveis mais altos, viajavam de cidade a cidade e distribuíam o saber que torna o jovem apto para a vida da cidade, da Polis grega, a troco de pagamento. Contra estes era que Sócrates falava em sua defesa. Havia aqueles que, como ele, ou por serem suficientemente ricos para não precisarem viver da ciência e do seu ensino, ou por não quererem ser mais do que pobres e próximos da sabedoria, investigam os segredos do mundo da natureza, do mundo do homem e do mundo da sociedade — mundos que os gregos foram infinitamente sábios em separar menos do que nós. Estes eram os sábios, os cientistas e os filósofos.

O saber que desigualmente se dividia entre as pessoas, desigualmente, também, dividia as pessoas. O homem culto servia aos poderosos ou era, ele próprio, um poderoso. Quando alguém pretendia servir mais à verdade e à comunidade do que aos interesses políticos do poder de poucos, o seu destino costumava ser o desterro, como aconteceu a vários, ou a morte, como aconteceu a Sócrates.

Todos sabemos que a história das trocas entre poder-saber e ensino não sofreu mudanças tão notáveis. Não é preciso desfiá-la aqui e, mais do que depressa, desejo poupá-los do sacrifício de continuarem me ouvindo falar sobre fatos tão passados.

Mas se os trouxe aqui é porque, pelo menos para o que quero seguir dizendo, eles são atuais. Em que condições de trabalho e vida investigamos o mundo da natureza, do homem e da sociedade, hoje? Servindo a que poderes realizamos o nosso trabalho de fazer emergir do silêncio o saber? De que maneira, sob poderes de fora de nosso âmbito direto de trabalho, ou sob poderes internos a eles, nos dividimos, nos separamos e, não raro, nos opomos uns aos outros?

Também hoje nós nos vemos divididos como professores e homens de ciência. No plano mais inferior de salário (já que hoje somos todos pagos e também Sócrates o seria, se vivesse entre nós), de honrarias e de condições de trabalho e aperfeiçoamento profissional, estão os herdeiros dos mestres-escola. *Professores* de 1º grau que, sendo aparentemente livres no mundo em que vivem, não conseguem ser *pedagogos*. Num plano mais adiante, estão os professores de 2º grau e creio que vários deles devem estar presentes aqui. Este espaço de ofício profissional que ocupa um número tão grande dos que puderam passar por uma história de formação superior, na verdade oferece condições de trabalho e continuidade de formação apenas em muito pouca coisa melhores do que as dos seus companheiros do andar de baixo. E este espaço intermediário entre o porão escuro e o salão iluminado do ensino no Brasil é crítico, todos sabemos, porque é o que dá sentido ao que se faz no 1º grau e é o que, em boa medida, determina as qualidades reais do trabalho pedagógico do andar superior.

No plano de cima estão os docentes de universidades, pequenos iluminados que somos, num país onde até mesmo aí as condições de trabalho sério são precárias, desigualmente distribuídas e conquistadas, dia-a-dia, à força de muita luta. Talvez seja neste andar mais festivo e, sob certos aspectos, menos amplamente necessário, que as contradições de nossas diferenças aparecem com menos disfarces.

De tal modo a estrutura de poder-saber dividiu as suas funções e as suas práticas científicas e pedagógicas, que roubou de alguns andares direitos e deveres, para concentrá-los em outros. Isto, do mesmo modo como, dentro de um mesmo andar, realizou divisões por oposições e expropriações de direitos que, vistas de um modo mais crítico, são arbitrárias e inaceitáveis, ainda que corriqueiras e, às vezes, até consagradas.

1º) Em primeiro lugar, praticamente todo o poder de produzir o saber científico, de fazer a avaliação do saber produzido e de, pelo menos em parte, ditar os rumos da pesquisa e da reflexão científica, ficou concentrado nas universidades. Este fato em nada invalida a evidência de que existem espaços de trabalho científico-pedagógico que devem receber maiores impulsos para a produção de saber e de descoberta. Mas, por outro lado, ele não pode encobrir uma outra evidência. A de que a ciência, qualquer ciência, são "ciências" e, dentro de si próprias, admitem graus e modos diferentes de prática concreta. Se existem graus e modos que exigem tanto condições materiais quanto humanas de muito alto nível, outros exigem menos e, em situações adequadas, poderiam ser proveitosamente praticadas fora das universidades. Penso, por exemplo, no papel que colégios de ensino de 2º grau poderiam concretizar, entre professores e alunos, na pesquisa local de tecnologias alternativas, para cujo estudo muitas vezes a própria universidade é gigantesca e irreal. O "colégio" é a "universidade" de quase todas as cidades do país. Entre outros avanços isto permitiria que os colégios parassem de imitar, com pressa e sem condições adequadas, o trabalho científico que se faz em algumas universidades e se lançassem criativamente em um nível próprio e produtivo de investigação útil não só para a formação dos seus alunos, como para as próprias comunidades onde estão inseridas. Ou será que as comunidades rurais do Vale do Jequitinhonha podem esperar alguma contribuição efetiva para os seus males vinda da UNICAMP?

2º) Em segundo lugar, praticamente quase todas as condições de trabalho científico estão concentradas em dois ou três eixos onde o desenvolvimento econômico e a concentração de poder financeiro e/ou político possibilitou o agrupamento de pessoas e recursos destinados à pesquisa de mais alto nível.

Até hoje, entre 70 e 90 por cento das contribuições às reuniões da SBPC provém do eixo Rio-São Paulo. Houve anos em que a USP e a UNICAMP sozinhas ficaram com mais de 60 por cento delas. Vejam o número de universidades no Brasil, dividam os números da desigualdade e vejam o que isto significa em termos de injustiça política e inadequação acadêmica.

É evidente que esta questão está diretamente associada, tanto à política educacional quanto à política de desenvolvimento científico do país. De um país cuja política econômica está fundada na desigualdade e na ampliação das desigualdades sociais. E todos sabemos que, com limiares muito estreitos de autonomia, políticas culturais, científicas e educacionais caminham na esteira de políticas de desenvolvimento econômico e de modelos de relações poder-produção de bens. Aqui, o homem rege o saber, mas o capital rege o homem.

3º) Em terceiro lugar, a não ser em casos raros (ainda que crescentes hoje em dia), a produção científica nacional não olha criticamente para a realidade concreta do contexto onde a ciência se produz. Como as instâncias de poder econômico e político que constituem os olimpos do poder científico não possuem honestamente projetos de um desenvolvimento nacional autônomo, libertário e participado, não há interesse em fomentar um trabalho científico que efetivamente esteja dirigido ao fortalecimento das condições de vida do povo brasileiro, assim como à realização de um desenvolvimento que interesse mais à nação *real* do que à fundação *multinacional.*

Não quero cometer aqui a ingenuidade de afirmar que precisamos inventar uma ciência tupiniquim e permanecer nela enquanto isso for necessário. Muitas vezes, ao mais "atrasado", é urgente aprender e apropriar-se do que se faz no mais "adiantado".

Mas o que quero dizer é que alguns pontos de partida, algumas perguntas a respeito do sentido efetivo do trabalho científico no Brasil, não foram ainda considerados e feitos, de tal sorte que respostas imediatas para a melhoria das condições corriqueiras da vida das pessoas e, mais próximo ao professor, da melhoria das condições reais do ensino, não são dadas ou são inadequadamente dadas.

Mais uma vez tudo isso tem a ver com questões impostas ao trabalho científico e ao trabalho pedagógico diretos. Tem a ver com questões políticas de concentração do saber entre poucos e privilegiados, eles mesmos poderosos, ou, sutilmente, a serviço dos poderosos. De uma concentração cujos produtos não saem do trabalho de poucos para o serviço de todos, mas do trabalho de poucos para o serviço de uma minoria arbitrária e, não raro, opressora, de beneficiários. Uma concentração não apenas do saber que há na ciência, mas no poder que há no saber da ciência, para que os seus usos sejam determinados de acordo com interesses políticos e econômicos situados tanto fora do espaço de trabalho de quem o produziu (a comunidade científica) quanto do espaço de vida de quem deveria se beneficiar plenamente de todo o trabalho do cientista e do professor (a comunidade nacional).

4º) Em quarto lugar, mesmo nos recantos mais adiantados e, portanto, mais cobertos de privilégios, as diferenças de salário, de condições reais de trabalho científico e pedagógico, de possibilidade de melhoria da formação profissional, estão desigualmente distribuídos e o arbitrário desta desigualdade tende a ser ampliado. Cito exemplos da própria cidade onde trabalho, Campinas, sem dúvida alguma um dos centros de maior concentração do "poder do saber" em todo o país. a) As condições de pesquisa e ensino de professores da PUCC e da UNICAMP são absolutamente desiguais, e a diferença de alunos de uma universidade para a outra é numericamente de 2 para 1. b) Mesmo no interior da UNICAMP, as diferenças de condições de realização do trabalho científico são ainda desiguais. Não falo aqui na desigualdade que há entre institutos e departamentos. Falo das desigualdades havidas entre categorias de docentes e pesquisadores. De modo perigoso, a universidade tende a concentrar poder e possibilidades de formação e exercício da ciência em mãos de pequenos grupos de afortunados que, mesmo com muita clareza científica e muito espírito crítico, tendem a fundar feudos exclusivos de produção do saber. Tendem a se constituir como uma espécie perigosa e irreal de mandarinato acadêmico (a expressão é de Maurício Tragtenberg, um dos professores da UNICAMP), desligada das preocupações corriqueiras da vida da comunidade social e das necessidades de apoio diário à comunidade acadêmica em todos os seus níveis. c) A produção de um mandarinato acadêmico não só copia e espelha a reprodução do mandarinato político e econômico que nos governa, quanto o reforça, do ponto de vista do poder que o saber atribui ao poder que o sustenta arbitrariamente. Por se desligar cada vez mais das questões e das necessidades das suas comunidades legítimas de referência (a acadêmica e a nacional), toma como polos de referência comunidades longínquas de saber (não raro alguma sociedade norte-americana de física é mais importante do que as brasileiras) ou comunidades arbitrárias de poder. Por outro lado, é deste mandarinato, justamente o que mais tem condições de operar cientificamente, que menos se podem esperar contribuições reais e diretas para a melhoria das condições de reprodução do saber em todos os níveis do ensino; de produção de um trabalho científico realmente adequado aos nossos problemas e, sobretudo, às nossas condições atuais de desenvolvimento.

Por não ser capaz de constituir modelos próprios de definição do seu trabalho científico e pedagógico, o corpo de pesquisadores e de professores deste país corre o risco de um dia vir a perder o seu próprio horizonte. Mais do que isto, de perder o poder de dirigir-se a ele, quando o encontrar. Não nos iludamos, nossas diferenças, nossas oposições arbitrárias, nossas desigualdades não são produzidas inteiramente dentro dos nossos espaços diretos de trabalho. Falei sobre isso ao enumerar aqui, precariamente, algumas relações políticas de trocas entre saber-e-poder. No entanto, o modo pelo qual temos nos submetido à imposição de regras e princípios políticos e econômicos sobre diretrizes científicas e pedagógicas que definem a nossa prática, têm provocado um reforçamento interno de desigualdades que fazem reproduzir-se, entre nós e sobre nós, as arbitrariedades e expropriações do próprio sistema político-econômico sob o qual vivemos e, frente ao qual, creio, estamos, todos os professores lúcidos, livres e críticos, convocados a buscar caminhos de superação.

A reprodução interna, do 1º grau à pós-graduação, de desigualdades crescentes, de diferenças políticas (da política do saber) entre níveis, categorias de profissionais, regiões, tipos de universidades etc., somente tem servido a que a ciência e a educação neste país neguem continuamente, na sua prática, aquilo que alguns escritos mais iludidos ou menos decentes têm afirmado em teoria.

Todos sabemos que não existe muito o que esperar do *poder* e do *sistema*. Existe o que fazer para pressioná-lo a torná-lo mais legítimo e, portanto, mais capaz de cumprir efetivamente o seu papel na sociedade. Todos aqueles a quem a memória não ilude, sabem que todas as conquistas feitas pelos educadores e cientistas neste país foram fruto de lutas, de campanhas, de enfrentamentos, de avanços e recuos diante do poder. A história mostra, de um lado e do outro, que nem o *Capital* nem o *Estado* tem qualquer interesse em patrocinar uma efetiva democratização da sociedade brasileira em todos os seus níveis, a partir, inclusive, da democratização efetiva da educação e da prática científica no país. Por isso mesmo, é tarefa de cada um de nós tornar-se, ao lado do professor e pesquisador que somos — todos ou alguns — um militante político através da prática pedagógica e/ou da prática científica. Através do poder que não apenas o nosso saber atribui, mas sobretudo a nossa união. A nossa capacidade de sermos todo o tempo lúcidos e críticos. De sermos também politicamente legítimos diante do arbítrio, e de sermos, entre divisões, solidários. Armados diante dos esforços externos daqueles que sempre apostaram em nossa incapacidade de somarmos forças de classe, como deve ser a força de um Simpósio de educadores como este.

Entre a Escola e a Educação

de como a pastoral popular da Diocese de Goiás encontra caminhos e enfrenta atropelos no trabalho de educação.

anotações escritas durante reuniões para pensar uma pesquisa participante — afinal realizada apenas em parte — sobre alternativas de trabalho de educação nas comunidades rurais e nas "pontas de rua".

outono de 1981

1. OS PRIMEIROS TEMPOS

Algumas pessoas que a partir de 1968 vieram para a *Diocese de Goiás,* haviam participado até poucos anos antes de uma das experiências mais significativas de Educação Popular no Brasil, a do *Movimento de Educação de Base.* Quando prelado em Conceição do Araguaia, no Sul do Pará, o próprio Bispo Diocesano de Goiás tinha sido um dos integrantes dos trabalhos locais do MEB. Assim também aconteceu com alguns dos que o acompanharam para a nova diocese.

O modelo que todos tinham na cabeça era, portanto, o de um "movimento de educação" de amplas dimensões, que trabalhasse junto ao povo, tendo um sistema de *escolarização* (alfabetização, pós-alfabetização) como o seu ponto de apoio. Um programa que, tal como o do MEB, fosse da "Escola Radiofônica" aos trabalhos de "Caravanas de Cultura" ou de "Animação Popular".

Bem depressa as pessoas descobriram que aquele não era mais um modelo adequado de trabalho com o povo, através da educação. Era outra a realidade e eram outras as condições concretas de trabalho. Estávamos em "1968", não esquecer. Os primeiros contatos com os lavradores dos municípios da Diocese foram suficientes para que todos descobrissem que um complexo sistema de educação popular, com rádio, escola radiofônica, grupos de programação, emissão e supervisão dos trabalhos escolares, seria, possivelmente, mais um *peso* do que um *instrumento.*

A esta altura havia sido inclusive elaborado um projeto de *Programa de Educação Comunitária* (PEC), que foi arquivado antes mesmo de ser iniciado. Uma vez mais a prática corrigiu a idéia e, de novo, se aprendeu que modelos de trabalho com o povo não podem ser transportados de um lugar para outro, de uma conjuntura para outra.

Do projeto complexo de *educação popular* através da *escolarização,* passou-se para um projeto simples de *pastoral popular* a partir da formação de pequenos grupos de reflexão-e-ação entre lavradores, com a assessoria de agentes de pastoral da Diocese. Estes foram os *Grupos do Evangelho* da Diocese de Goiás. Quando algum dia alguém for escrever a história das *Comunidades Eclesiais de Base,* alguma coisa deverá ser contada a partir do que aconteceu ali, em Goiás. Esses grupos de lavradores das fazendas e dos sítios, de "patrimônios" e da periferia das cidades (os primeiros migrantes expulsos "da roça" para as "pontas de rua") reuniam-se para lerem juntos a Bíblia; para juntarem à sua leitura, a leitura que faziam de suas próprias vidas, de sua duríssima realidade. Esta dupla leitura de uma coisa só dava ensejo a que se fizesse a crítica da situação de vida-e-trabalho de todos, e a que se pensassem formas de ação concreta.

Dos *grupos do Evangelho* e de outras experiências de dentro e de fora da Igreja, algumas delas criadas e partilhadas pelas gentes do povo da região, foram surgindo outras unidades de trabalho popular: roças comunitárias, mutirões de construção de casas, cooperativas de remédios, equipes paroquiais populares e assim por diante. Depois é que em uma de suas assembléias anuais, a do 5º ano, a Diocese de Goiás definiu uma aliança e um compromisso com o povo, com "os oprimidos e marginalizados". Aos poucos abriu-se um espaço para uma presença mais concretamente atuante em toda a região. Por outro lado, dentro da segunda parte da década dos anos 70 os lavradores do lugar recomeçaram a luta pela reorganização dos seus próprios grupos de trabalho político e de classe: *sindicatos do trabalhador rural, movimentos de trabalhadores,* depois, *oposições sindicais.*

Sem pretender criá-los e, principalmente, dirigi-los em momento algum, os agentes de pastoral procuraram ampliar todo o apoio possível da Igreja aos movimentos e instituições de representação das várias categorias de trabalhadores da diocese: lavradores, lavadeiras, operários. Mais tarde, estes foram reconhecidos como trabalhos populares que a Igreja *apóia,* porque são instrumentos populares de realização de prática política de conquista de direitos e liberdade com que a Igreja de Goiás reconhecia-se, pastoral e politicamente, comprometida.

Desde seu campo mais específico de trabalho, a Igreja de Goiás procurou ampliar as "ferramentas" — como se diz ali — de *evangelização* — de libertação popular através do Evangelho. Ao lado dos *grupos do Evangelho* surgem *círculos bíblicos* e, mais tarde, *comunidades eclesiais de base.* Os trabalhos de catequese e de cursos de formação religiosa foram repensados, de modo a se adequarem à opção feita pela *Igreja do Evangelho* em Goiás. Estes são os grupos e os trabalhos "próprios da Igreja". São o modo mais direto pelo qual a sua missão de docência e evangelização se expressa. São a prática que a Igreja *faz.*

A meio caminho entre o trabalho político-popular que a Igreja *apóia* e o trabalho de pastoral-popular que a Igreja *faz,* a própria dinâmica de suas relações com grupos de lavradores, de mulheres de lavradores, de camponeses expropriados de suas terras, de migrantes das "pontas de rua", de desempregados ou subempregados, de mulheres trabalhadoras (lavadeiras, empregadas domésticas, professoras primárias etc.) surgiram grupos e surgiram trabalhos centrados não tanto na *classe* (como o sindicato, ou o movimento de trabalhadores rurais), ou na *comunidade religiosa* (o grupo de cristãos do povo e de agentes de pastoral que formam os círculos bíblicos ou os grupos do Evangelho), mas na comunidade pura e simples: os moradores pobres e trabalhadores de uma fazenda, a população de uma "ponta de rua", a gente de um "patrimônio". A este nível também, a população dos municípios da Diocese começou a criar novas formas de organização, muitas delas a partir de suas próprias antigas experiências de trabalho e solidariedade. Surgiram aos poucos: *grupos de bairro, grupos de mulheres, grupos de jovens.* Aos poucos também o trabalho começava a setorializar-se e apareceram, por exemplo, os grupos e as comissões regionais de saúde. Foi do trabalho de equipes assim que muitas frentes de luta popular pelos direitos do povo foram abertas. Os homens e mulheres dos grupos de saúde lutavam por conquistar os seus direitos de acesso aos meios oficiais de cura. Foi deles a iniciativa da pesquisa popular que deu origem ao *Meio Grito* (ver em *Pesquisa Participante*, Brasiliense).

Este trabalho comunitário, algumas vezes iniciado através dos agentes de pastoral da Diocese, outras vezes começado como iniciativa do próprio "povo do lugar", é um tipo de prática política setorial que a Igreja *ajuda* e o povo *faz*, como uma ferramenta a mais de sua organização e sua luta. Uma prática política que se manifesta na comunidade e, através dela, dentro de setores específicos da vida e do trabalho: "mulheres", "jovens", "defesa dos direitos humanos", "saúde", e assim por diante.

Práticas que a Igreja *faz*, que a Igreja *ajuda*, que a Igreja *apóia*. Trabalhos de busca de libertação do povo, que vão do *Grupo do Evangelho* ao *Movimento de Trabalhadores*. Do ponto de vista da Igreja, apenas as muitas faces de uma *pastoral popular* que não quer representar apenas em palavras o seu compromisso efetivo como uma luta necessária de libertação. Que quer ser um instrumento desta luta. Terá conseguido? Conseguirá um dia?

2. EDUCAÇÃO POPULAR E ESCOLARIZAÇÃO POPULAR

Ora, ao longo desses anos, o conjunto do trabalho evangelizador da Igreja de Goiás foi chamado pelos seus agentes como: de *pastoral popular*. Mas às vezes se usava para as mesmas práticas o nome de *educação popular*. Durante anos as duas expressões foram quase sinônimas e, no entanto, entre todos os trabalhos feitos até então, não havia nenhum de *alfabetização*, de *pós-alfabetização*, de criação ou apoio a *escolas alternativas*, de luta em prol da melhoria das condições da educação de crianças, jovens ou adultos nos municípios. Reconhecia-se ali que havia um trabalho efetivo de *educação popular*, sem haver qualquer experiência de *escolarização popular*. Afinal, desde quando a idéia de educação termina dentro da escola? A *pastoral popular*, no fazer, ajudar e apoiar instrumentos (ferramentas) de *trabalho popular* de organização, mobilização, tomada de consciência, avanço de *movimentos* e *lutas populares* é, em si mesma, uma experiência de *educação popular*. E assim é porque tudo o que é feito tem por objetivo o aumento da capacidade das pessoas do povo: a) reconhecerem os seus problemas, as suas causas, os seus limites, as suas condições de resistência e luta por seus direitos; b) organizarem suas formas próprias de mobilização comunitária, política, de classes; c) instrumentalizarem o seu trabalho popular, acrescentando à sua própria experiência, aquilo que agentes como os de pastoral podem trazer, como um aporte a mais (como a lima que afia a foice, que é a ferramenta de trabalho).

Entre os agentes de pastodal da diocese havia professores das escolas do Estado de Goiás ou da Prefeitura de vários municípios. No entanto, na maioria dos casos, a sua *prática pedagógica escolar* estava, em boa medida, separada de sua *prática pedagógica pastoral.*

Então, pouco a pouco, de algumas comunidades começaram a surgir reivindicações ligadas de modo mais direto ao *setor social da educação.* Aos poucos os lavradores do campo e os trabalhadores migrados para a cidade começaram a descobrir que o seu próprio trabalho comunitário ou político exigia um nível de escolarização que muitos deles não possuíam ainda. Afinal, de menos de 10 anos para cá a classe trabalhadora reaprendeu a usar em seu proveito instrumentos que até há pouco eram propriedade exclusiva dos intelectuais: a palavra escrita, o texto mimeografado, o jornal da classe. Por outro lado, todos reconheciam que muito da luta pelos direitos do povo era travada no papel (do juiz, da polícia, do advogado, do fazendeiro etc.) e, muitas vezes, a opressão usa mais a caneta do que a cadeia. Sem nenhum elitismo, como imaginar, hoje, um líder sindical autêntico sem o domínio completo do ler-e-escrever? Como um jovem lavrador, por outro lado, uma vez expulso "da roça" pra "ponta de rua", pode viver e trabalhar sem "algum estudinho"?

Quando um dia se pensou em fazer uma ampla pesquisa participante sobre as condições de vida, trabalho e mobilização popular na área de Diocese, foi pedido aos grupos das comunidades que escrevessem pequenos relatos de casos ou fatos da localidade que pudessem ser tomados como pontos de partida para aprofundar com a pesquisa. Alguns grupos relataram conflitos de terra (como em Britânia), conflitos de trabalho (como em Jussara). Um deles relatou uma experiência. Uma experiência surgida como necessidade e como exigência formulada pelas pessoas de um pequeno povoado — São José — no município de Novo Brasil. Vale a pena transcrever, com as suas próprias palavras, como a coisa se deu.

A EXPERIÊNCIA DE UM CURSO SUPLETIVO NA COMUNIDADE DE SÃO JOSÉ, NO MUNICÍPIO DE NOVO BRASIL, REGIÃO DO RIO VERMELHO

LOCALIZAÇÃO — *Trata-se de uma área de pequenos proprietários no Município de Novo Brasil.*

TIPO DO FATO — *Trabalho de organização popular para suprir a falta de escola, mas visando, ao mesmo tempo, a resistência da população a condições adversas e a sua conscientização.*

CONJUNTURA — *Este grupo, como tantos outros, corre o risco de extinção pela necessidade de emigrar para a cidade, à busca de condições favoráveis para a educação dos filhos. Ao mesmo tempo, sente as carências da escola local, que não oferece condições materiais e, muito menos, intelectuais para que os jovens possam evoluir convenientemente e de acordo com as necessidades da sociedade de hoje.*

O FATO — *Algumas famílias começaram a sentir a necessidade de mudar para a cidade, afim de prover à educação dos filhos que estavam terminando as séries constantes do programa da escolinha local. Tal mudança traria outras conseqüências, além do deslocamento do seu ambiente de convivência e parentela. Essa situação foi debatida, sobretudo nas reuniões do Grupo de Evangelho ali existente. Nasceu então a idéia de um curso supletivo que, pelo menos, pudesse adiar a saída à espera de solução mais adequada para o pessoal. O problema foi levado à esfera dos agentes de pastoral que vinham acompanhando o Grupo. Num primeiro momento, foi decidida a organização de um curso supletivo, visando os jovens. A discussão continuou, com o questionamento do valor de tal curso supletivo, donde nasceu a perspectiva de uma escola diferente, pouco preocupada em se encaixar nos programas oficiais, e ampliando os seus objetivos. Foi feito um levantamento das possibilidades e recursos da comunidade, chegan-*

do-se, realisticamente, à conclusão de que precisavam de ajuda de fora. Foi criada uma comissão constituída de gente do lugar para o encaminhamento do curso, contando, desde o início, com a colaboração de alguns agentes que se colocaram à disposição. Com as novas perspectivas abertas, alguns adultos resolveram participar da experiência, de modo que a comunidade toda foi mobilizada para assumir e definir os passos.

ENCAMINHAMENTO — *A partir de uma necessidade muito concreta, a liderança do lugar, exercida por elementos do Grupo de Evangelho, abriu os olhos sobre as conseqüências mais amplas que iam atingir toda a comunidade. Pediu o apoio e a ajuda dos agentes de pastoral, que se comportaram como animadores de um debate que era, acima de tudo, da responsabilidade dos membros da comunidade. Mesmo dispondo de recursos mínimos, resolveram enfrentar a experiência dentro das possibilidades, baseados no princípio de só procurar ajudar naquilo que estivesse fora do alcance do grupo. Tal era, por exemplo, a necessidade de uma coordenação e programação do curso. A própria experiência mostrou outras necessidades e foi encaminhado um pequeno projeto solicitando financiamento.*

A experiência continua com a plena participação da comunidade, e fiel a seus objetivos de não ser um curso como qualquer outro, mas um instrumento de conscientização de toda a comunidade, contando com a colaboração de pessoas de fora que se colocam a serviço. São feitas reuniões periódicas registradas em relatórios e o programa se adapta à realidade local.

RELEVÂNCIA — *Trata-se de uma experiência nova atingindo uma nova área de atividade. Merece ser incluída na pesquisa.*

a) Esta experiência pioneira vem atender a uma necessidade que existe em toda a diocese, num setor da mais alta importância, como seja o da educação popular.

b) Está ligada a muitos problemas concretos como sejam: a estabilidade do pequeno proprietário, a mobilização de toda a comunidade na solução de um problema descurado pelo governo, a organização do povo em torno de um objetivo que atinge seus direitos.

c) *A Diocese não apenas apóia, mas oferece uma ajuda efetiva através de agentes de pastoral. Trata-se de uma área de suplência cuja importância se mede pela necessidade do povo.*

FONTES — *Todo o pessoal engajado na experiência: a comissão local encarregada, os alunos, os professores, toda a comunidade. Além disto, essa experiência tem sido relatada na Assessoria Diocesana, na Coordenação Diocesana e mesmo na Assembléia. Seria oportuno investigar também a reação que tem provocado.*

Este foi um dos pontos de início de um trabalho de educação popular que, finalmente, "vai à escola", na Diocese de Goiás. Ali se reconhece que ele começou no momento em que apareceu como uma necessidade, como uma ferramenta necessária, "da base para os agentes". Não foi feito um plano diocesano de educação. Não se resolveu, mesmo com a deliberação de representantes das bases, um programa de alfabetização, por exemplo, a ser aplicado em todas as comunidades onde já houvesse algum outro tipo de trabalho em andamento: um Grupo de Evangelho, uma Comissão de Saúde, um Grupo de Mães etc.

A partir de então — isto não tem mais do que 3 anos — acontece em algumas comunidades da Diocese o mesmo que ocorre em muitas outras, em outras regiões do país. A própria comunidade, as pessoas do povo, aqui e ali, acrescentam aos seus instrumentos de aperfeiçoamento do trabalho comunitário, do seu trabalho político, o saber que costumeiramente "vem da escola". No entanto, o grau de consciência crítica e o grau de mobilização alcançado nestes lugares faz com que a instrumentalização e a capacitação vindas *da escola* não possam ser trazidas por *qualquer escola.* Por centros de educação de adultos, como o MOBRAL, reconhecidos por todos eles como uma extensão dos interesses dominantes sobre o povo, através *também* da educação.

Por isso mesmo, o povo começa a pretender realizar, no *setor específico da educação,* o mesmo conjunto de trabalhos políticos feitos em outros setores de práticas populares: o do trabalho, o do bairro, o da saúde, o da religião etc. *Criar formas próprias de educação popular;* propor e controlar *o processo de escolarização popular;* formar *comissões de educação* (como há muito tempo há comissões de saúde e tantas outras) para patrocinarem práticas pedagógicas sob controle popular local (cursos de alfabetização e pós-alfabetização realizados por pessoas alfabetizadas da comunidade, assessorados por agentes de pastoral e controlados por comissões locais de educação); lutar para que os direitos humanos relativos à educação sejam efetivamente cumpridos.

Se ao tempo do MEB a educação tinha uma função conscientizadora, a partir da instrumentalização e da capacitação realizadas através de uma alfabetização funcional, por exemplo, agora são grupos mobilizados de base, logo, grupos populares conscientizados, os que propõem a sua educação e solicitam a ajuda da Igreja para realizá-la. Se, ao tempo do MEB um dos objetivos mais importantes da educação de base era a mobilização da comunidade a partir de seus próprios elementos, de suas próprias forças (Caravanas de Cultura, Animação Popular), agora o trabalho de educação na comunidade parte da iniciativa de comunidades já mobilizadas, para determinarem quando e como deve entrar ali algum trabalho específico de educação, ou para melhorar as condições de educação.

Deliberou-se então na Diocese de Goiás, que seria formada uma *Comissão Diocesana de Educação,* constituída por agentes de pastoral e agentes de base de algum modo já ligados ao trabalho pedagógico. Esta Comissão não teria missão alguma de "implantar trabalhos de educação": 1º) por iniciativa própria; 2º) em plano regional, ou em plano diocesano; 3º) seguindo um único modelo de prática básica (a alfabetização através de um único método). Ao contrário: 1º) ela procuraria dar respostas às solicitações de trabalhos de *educação popular* no *setor da educação,* na medida em que eles fossem formulados e apresentados por representantes das comunidades locais; 2º) ela parte da proposta local de trabalho de educação, e procura soluções e recursos para atender a ela, tal como veio formulada da comunidade; 3º) ela assessora educadores da própria comunidade (lavradores, jovens, mulheres já escolarizadas e escolhidos por iniciativa das comunidades para assumirem tarefas de educadores), procurando refletir com eles sobre qual a metodologia de escolarização é mais adequada em cada caso. Assim, da comunidade de São José veio a idéia de um curso Supletivo para jovens; da comunidade de Santa Fé, um curso de pós-alfabetização para jovens e adultos; de comunidades de Itapuranga e Itapirapuã, cursos de alfabetização.

Durante algum tempo foi pensada a realização de uma pesquisa participante em inúmeros municípios da Diocese de Goiás, para que fosse feito um levantamento sobre as condições, as exigências e as possibilidades locais de instauração de trabalhos comunitários de educação. A pesquisa de saúde, a *"pesquisa do Meio Grito"*, seria tomada como um modelo a ser aplicado em um outro setor. No entanto, a realidade era outra. A pesquisa de saúde surgiu como exigência de vários grupos já constituídos em alguns municípios. Havia um trabalho anterior e havia uma organização anterior de trabalhos setoriais de saúde. Já, no que respeita à educação, apenas aqui e ali despontavam idéias e solicitações. A decisão tomada foi, portanto, outra.

Um documento que "colocou no papel" as primeiras idéias foi então redigido por mim, depois de dois turnos de reuniões com lavradores e agentes de pastoral na cidade de Goiás. Como ele procura traduzir com fidelidade o que estávamos pensando na ocasião, quero transcrevê-lo aqui também na íntegra. É preciso dizer que a pesquisa prevista, tal como foi pensada tantas vezes, não se realizou, a não ser em alguns raros lugares, de modo bastante mais limitado.

ANOTAÇÕES PRELIMINARES PARA UM POSSÍVEL ROTEIRO DE PESQUISA PARTICIPANTE SOBRE EDUCAÇÃO

1. *Companheiros, ficou combinado entre nós que esta pesquisa participante não ia ser um trabalho solto, feito pelos agentes, pela sua vontade e para eles ficarem sabendo como andam as condições do povo a respeito da educação, e o que é que o povo está pensando disto. Não é um estudo para o conhecimento de alguns, é um estudo feito por todos — agentes e base — para o conhecimento e o uso de todos.*

2. *Assim, a idéia que vingou foi a de irmos fazendo a pesquisa aos poucos, passo a passo. Ela só seria feita nos lugares onde aparecer uma exigência de algum trabalho de educação. Só nos lugares onde os lavradores, por exemplo, ou os jovens, estiverem interessados em participarem de qualquer tipo que seja de trabalho de sua própria educação: alfabetização, pós-alfabetização, supletivo etc.*

3. *Então a PESQUISA DE EDUCAÇÃO, nestes lugares, um a um, vai ser um dos primeiros passos no próprio* trabalho de educação. *Ela não é alguma coisa que prepara os agentes, os monitores, os alunos para um trabalho de educação. Ela já é o próprio começo deste trabalho. Já é a primeira fase dele. É uma das fases mais criativas, porque é o momento em que uma grande parte do material, das questões, dos problemas, dos recursos que vão ser usados e discutidos, será criada. E criada por quem? Pelas próprias pessoas do lugar, mais os agentes que estejam interessados em* participar *do trabalho de educação, ou em* ajudar *nestes trabalhos. Entram aí: os alunos do curso (qualquer que ela seja), as pessoas da comunidade que vão ajudar ensinando (professores, monitores, auxiliares), as outras pessoas da comunidade que queiram ajudar de algum modo, mesmo que não seja nem como aluno nem como professor, os agentes da Igreja, os assessores do CEDI, que poderão aparecer de vez em quando.*

4. *Esta PESQUISA DE EDUCAÇÃO tem duas partes que estão reunidas. Uma é um estudo* sobre a comunidade *(sobre as pessoas, o povoado, o patrimônio) para levantar — com a fala das próprias pessoas — como é a vida de todos no lugar, quais são os problemas do lugar, o que as pessoas pensam deles, quais os assuntos que todos têm mais interesse em conhecer, em "pesquisar", para entender as causas e lutar para resolver.*

   Outra é um estudo sobre a educação na comunidade. *A gente costuma dizer que a* educação *é um setor da vida social (como o* trabalho *é outro, a* religião *é outro, a* saúde *é outro, e tudo existe reunido no mundo em que a gente vive). A* educação *é alguma coisa que existe* no povo, *mesmo quando não há escola, em tudo o que ele faz e cria para ensinar e aprender. Existe* sobre o povo, *quando alguém de fora vem e coloca uma escola, por exemplo, que serve aos filhos dos lavradores, mas onde eles não têm voz nem voto. Esta educação existe como* instituição; *o sistema escolar do Estado de Goiás, por exemplo. Existe como* agências *deste sistema: as delegacias de ensino, as escolas, os grupos escolares. Existe como agentes, pessoas que estão ligadas a ela: alunos, diretor, professores, secretário, pais dos alunos etc. Existe como* programa. *Existe como* produto, *aquilo que ela faz pela gente (ou contra a gente?) e aquilo em que ela transforma as pessoas. Existe ainda como* idéia. *Como a* ideologia: *aquilo que os outros pensam da educação (os políticos, o diretor da escola, o professor) e também como aquilo que nós pensamos dela.*

5. *É alguma coisa ao menos, de tudo isso, o que a gente vai conhecer com a pesquisa. Mas tudo dentro da vida das pessoas do lugar e dentro da comunidade. É a partir de como cada um de nós viveu e vive a educação (da escola e de fora dela); de como cada um de nós pensa o que ela é e como ela deve ser; de como cada um de nós espera alguma coisa dela e está disposto a fazer alguma coisa, que vai sair um conhecimento de todos sobre o que ela é, e o que a gente pode fazer.*

6. *A* Pesquisa sobre a Comunidade *deve ser feita com a maior simplicidade, do jeito como a gente combinou aí. Ela serve, ao mesmo tempo: a) para o levantamento do* universo vocabular *(de que vão sair as* palavras geradoras); *b) para o levantamento do* universo temático *(de que vão sair as* unidades temáticas *da pós-alfabetização); c) para os* conhecimentos sobre o lugar *(as relações de trabalho e outras relações sociais que fazem ele ser como é) que vão servir para outras discussões entre todos e para ajudar a explicar algumas coisas das partes da* pesquisa de educação.

7. *Não existe uma situação especial para a* pesquisa sobre a comunidade. *Sempre que houver uma conversa de um grupo, de uma família, alí há uma situação boa para a pesquisa. É questão de anotar. Anotar com papel e lápis as palavras, as frases, os ditos de todos.*

Se possível, anotar partes inteiras do que estão falando. Quando for bom, é melhor ainda gravar. Isso não precisa ser feito sempre. Mas nos momentos em que um grupo estiver reunido e a discussão estiver boa, então devia ser gravado. Porque, do que for gravado, é fácil depois tirar uma conversa inteirada, com a opinião de todos, tal como ela saiu.

8. *Se for o caso, podem ser criadas situações próprias para a pesquisa, tal como aconteceu com a de saúde. Reunir um grupo, por exemplo: a) deixar que ele comece uma conversa livre e ir anotando os assuntos que vão saindo e o que as pessoas vão falando; b) propor um tema qualquer (alguma coisa importante pra comunidade, naqueles dias) e deixar que as pessoas falem sobre o assunto.*

9. *Outros recursos podem ser usados muito bem. Eles tanto servem para a pesquisa como vão servir para serem usados direto, como material dos estudos da turma de alunos:*

   a) Estudo de casos: *pedir para as pessoas contarem a sua vida: de onde são, como foram criados, como era a vida então, quando saíram, por que, por onde andaram, de que modos trabalharam ("na meia", de empreiteiro, de "bóia-fria"), quando e como vieram para aqui, como vivem, o que pensam do lugar e da sua vida agora etc. (criar outras idéias na hora).*

   b) Criações do lugar: *pedir para as pessoas criarem músicas (modas), poesias, estórias, desenhos sobre as coisas do lugar. Pedir pra quem tem jeito, para fazer alguma coisa que tenha o que ver direto com alguma conversa que se teve.*

   c) Estudo de acontecimento: *isto é muito importante! Aproveitar algum acontecimento importante na vida das pessoas, ou da comunidade e criar um debate a respeito. Pode ser tanto uma festa quanto um caso de exploração. Isso vai ser usado também durante qualquer tipo de curso, como um de pós-alfabetização ou mesmo "de supletivo".*

10. *Quando todo o material for reunido: escritos das próprias pessoas, desenhos, casos escritos, relatórios de reuniões de grupos, fitas desgravadas, então nós pode-*

mos pensar juntos (povo e agentes) em escrever um estudo do povo do lugar, *que poderia ser um documento como foi o do* Meio Grito.

11. *A* pesquisa de educação *deve ser um pouco mais sistematizada. Dela devem participar também: agentes, alunos ou futuros alunos, professores de fora ou do lugar que venham trabalhar com eles, ou já estejam trabalhando, outras pessoas da comunidade que queiram ajudar.*

Deve ser formada uma equipe estável de gente. Esta equipe deve discutir toda a pesquisa e deve aprender como ela deve ser realizada para que, dentro do possível, todos trabalhem do mesmo modo.

12. *A* pesquisa de educação *pode ser feita em várias situações, todas elas são boas e o melhor mesmo é que, em cada comunidade (Santa Fé, São José, por exemplo) todas as situações sejam usadas, ainda que no fim todos usem mais a que acharem mais apropriada para o seu caso:*

1ª situação: pesquisa com grupos já formados, *por exemplo, um* grupo de saúde *ou um* grupo de trabalhadores, *um* grupo de jovens *ou um* grupo do Evangelho. *Pedir para que dentro de uma reunião haja uma conversa sobre questões de educação, do jeito como vai no roteiro que eu mando mais adiante.*

2ª situação: um grupo novo, formado pra isso, *do jeito como aconteceu na pesquisa do* Meio Grito. *A pessoa avisa que está fazendo o trabalho e pede para algumas pessoas do lugar se reunirem para trocar idéias sobre o assunto.*

3ª situação: uma família, pesquisa em uma casa — *a pessoa vai em uma casa e diz que está fazendo um estudo sobre o que as pessoas do lugar estão pensando sobre a educação. No caso da pesquisa com família, além do* roteiro de pesquisa *a pessoa deve aplicar o pequeno* questionário das famílias. *Isso pode ser feito depois de uma conversa mais livre sobre problemas da vida da família e, especialmente, das questões de educação.*

4ª situação: estudo de um caso — *tomar algumas pessoas do lugar que, por algum motivo, sejam importantes, e pedir que elas contem a sua vida. No meio da conversa, insistir mais nos aspectos da educação, tal como vai no roteiro da pesquisa.*

13. *Para todos os efeitos, deve ficar claro para a gente que esta pesquisa de educação continua e aprofunda um dos aspectos dos trabalhos da* pesquisa da comunidade. *Ela poderá dar um "relatório" à parte, em que a gente juntaria* pesquisas de educação *de várias comunidades para dar, no final, alguma coisa como* O Meio Grito. *Mas o mais importante é lembrar que as duas pesquisas servem:*

   1º) como começo do trabalho de educação dos alunos (é a 1ª fase);

   2º) como material para ser usado durante os estudos do grupo de educação *(os alunos de cada grupo);*

   3º) como um documento para a comunidade "se ver";

   4º) em último lugar, como um relatório sobre "povo e educação", juntando as pesquisas das várias comunidades.

14. *Mando a seguir um* roteiro de pesquisa *para a* pesquisa de educação. *Vejam que, de propósito, eu não mando como se fosse um questionário. É melhor que seja apenas um roteiro. Ele pode ser feito aí de duas maneiras:*

   1º) só com as perguntas, uma seguindo a outra, que o pesquisador vai fazendo (sem ser rígido) apenas para orientar a conversa. Neste caso, ele terá um caderno e anotará nele a conversa, indicando num cabeçalho: pesquisa de educação, Santa Fé, dia ..., participantes etc.

   2º) Com as perguntas e, entre uma e outra, algumas linhas em branco para ele completar com as respostas de síntese do grupo *ou* da família.

ROTEIRO DA PESQUISA DE EDUCAÇÃO

1. *Logo que o pessoal estiver reunido, explicar o que vai ser feito, porque, e para o que vai servir. Deixar todo mundo à vontade. Antes de começar, responder a todas as perguntas que todos tiverem. Se for o caso, ao invés de um pesquisador só, podem ir dois (um vai perguntando, dirigindo o debate e o outro vai anotando a síntese).*

2. *Como é que anda a situação do lugar quanto à educação?*

3. *Quais são os sinais que a gente tem para dizer como ela está?*

4. *O que é que existe de educação no lugar? (Pedir para que as pessoas enumerem.)*

5. *E no município?*

6. *(Caso só tenham falado de escolas.) Só isso que é educação? O que mais é educação? Onde é mais que o povo tá aprendendo?*

7. *Antes já foi melhor? Já foi pior? O que é que mudou?*

8. *No lugar de onde alguns vieram, como era? Melhor? Pior? Em quê?*

9. *Como está mesmo a situação de educação das crianças? Têm escola? Não têm? Como as crianças estão estudando?*

10. *E no caso dos jovens e dos adultos? O povo "é educado"? Quem sabe ler e escrever no lugar? Quem fez estudos completos pelo menos de primário? (Pedir para as pessoas fazerem o inventário do lugar, mesmo que não seja rigoroso.)*

11. *Criança precisa estudar? Por quê?*

12. *E os jovens? Por quê?*

13. *E os adultos? Por quê? E os velhos? Por quê?*

14. *Antes não precisava estudar e agora precisa? Sempre foi preciso estudar? Por quê?*

15. *Como é que as crianças aprendem? O que é que elas estão aprendendo? Para que é que está servindo?*

16. *O que é que o povo daqui acha que é* educação?

17. *Pra que é que ela serve?*

18. *A educação do pobre e do rico é a mesma? Em que é igual? Em que é diferente?*

19. *Como é que podia ser feito um trabalho de educação aqui na comunidade?*

a) quem devia ser responsável por ele?
b) quem devia participar: como aluno, como professor?
c) quem devia ajudar? De que maneiras?

20. *Só a escola tem a educação? Em que outros lugares tem educação? de que jeito?*

21. *O povo mesmo tem uma educação? Como é que as pessoas aprendem as coisas onde não tem escola?*

22. *Isso também é uma educação?*

23. *Que pessoas no lugar podiam ajudar um trabalho de educação:*
    - *como professor?*
    - *como monitor?*
    - *como um participante?*

24. *Que direitos tem o povo com relação à educação?*

25. *Que direitos ele está recebendo e que direitos não está?*

26. *O que que pode ser feito para o povo receber os seus direitos de educação?*

Nota: estudar estas questões, pensar outras. Dar a forma que parecer melhor, sobretudo depois de fazer um "trabalho-piloto" para ver como as pessoas do lugar recebem o roteiro.

Se for dada uma forma de um questionário/roteiro, fazer assim, por exemplo:

27. *Que pessoas do lugar podiam ajudar um trabalho de educação:*
    - *como professor?* ....
      ....
      ....
    - *como monitor?* .... etc.

Mas o perigo do questionário é que as pessoas podem anotar só o que é a síntese *de cada conversa de grupo, sem anotar coisas importantes que as pessoas conversam e que não está nas linhas feitas. Usar então o verso da folha para fazer isso.*

Não deixar idéias e opiniões das pessoas sem serem anotadas. Ler para eles o que foi escrito. Ver se é "isso mesmo", se é mesmo o que eles pensam.

O Dilema da Participação

anotações parciais

documento apresentado no Simpósio Latino-americano sobre Educação na América Latina.

México, julho de 1982

apresentado depois no Simpósio sobre Educação Popular, durante o 44º Congresso Internacional dos Americanistas.

Manchester, julho de 1982

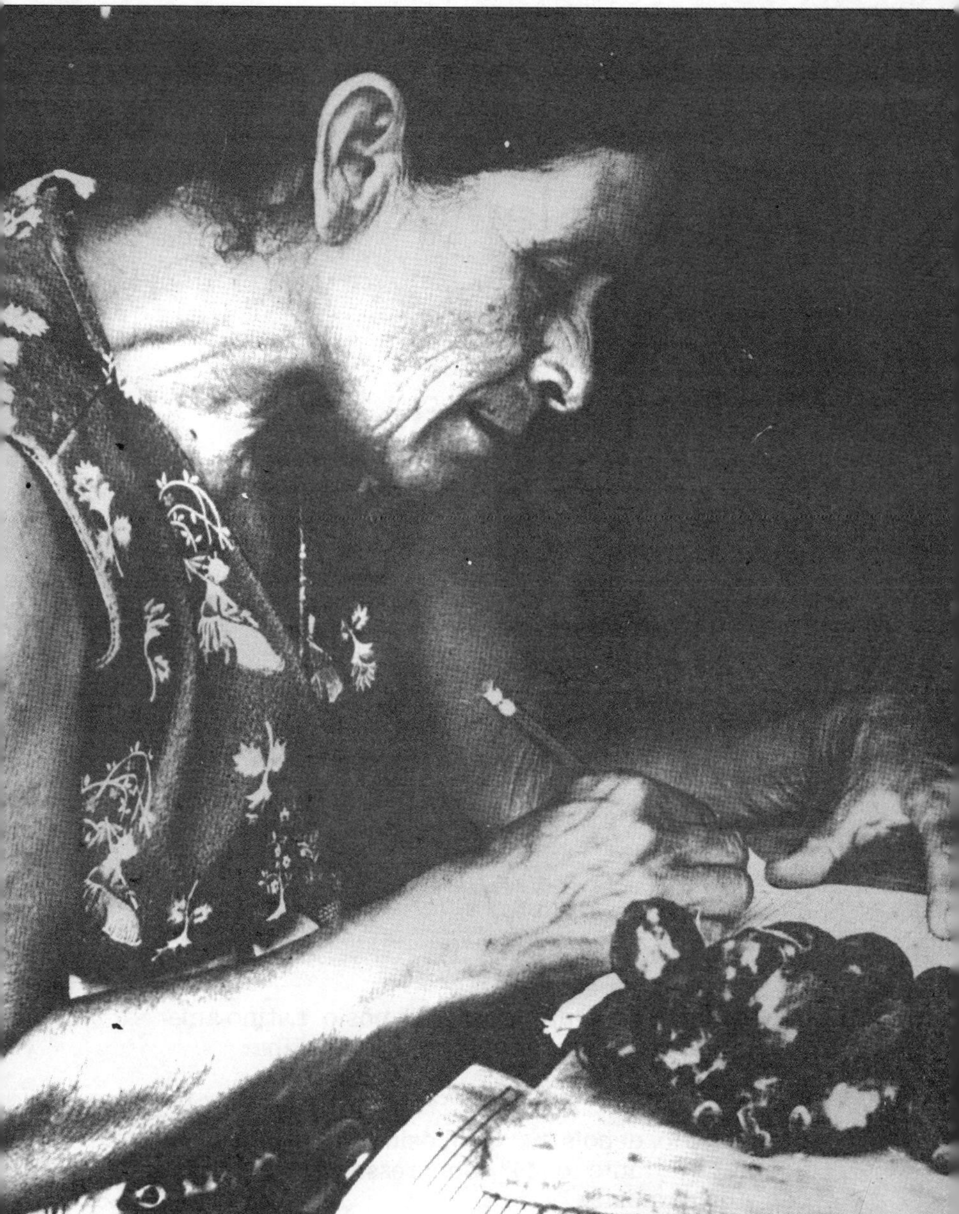

1. A IDÉIA DE PARTICIPAÇÃO

Até quando venha outra, *participação* será uma palavra-chave. Nos escritos e nas práticas de agências diferentes, não raro antagônicas, ela é uma espécie de idéia diretriz, como *conscientização* foi há algum tempo atrás. Serve para definir tanto *modos* quanto *metas* em projetos de mediação junto a classes, grupos e comunidades populares.[1]

Subordinada a outras palavras durante muito tempo, quando aqui e ali descobrimos que as experiências de Edu-

---

1. Chamo aqui de *trabalho de mediação* ou de *ações de mediação* às práticas sociais: a) realizadas através de especialistas profissionais (de educação, de saúde, de desenvolvimento, de bem-estar social etc); b) dirigidas a unidades de vida e/ou de trabalho de categoria de sujeitos e grupos das classes populares (também ditas, *subalternas, trabalhadoras, oprimidas, "de baixa renda", marginalizadas, dominadas* etc); c) conduzidas, portanto, por agentes e agências externas ao âmbito direto das relações sociais e simbólicas das classes populares; d) pensadas como formas de transformação, integração, educação, desenvolvimento etc. de comunidades e grupos populares; e) idealizadas como instrumentos essenciais ou complementares de "conscientização", "educação", "participação popular" etc.

Não é por acaso que o mesmo qualificador *popular* serve tanto ao nome da prática de mediação: *educação popular, pastoral popular* quanto ao que ela pretende produzir através do trabalho relativo e progressivamente autônomo dos sujeitos e grupos agenciados: *participação popular, libertação do povo, desenvolvimento e organização de comunidades* (populares).

Não deve ser também deixada de lado a evidência de que inúmeras instituições eruditas de "trabalho popular" não são definidas nem controladas pelos próprios agentes diretos de mediação: educadores, cientistas sociais, médicos e outros "agentes de mudança".

cação de Adultos podiam tornar-se o trabalho político de Educação Popular, a idéia de *participação* passou de coadjuvante a ator principal, entre os sonhos e as ações dos mesmos ou de outros agentes de educação. Nos documentos de projetos, de avaliações e de teorias de Educação-e-Desenvolvimento, *participação* tornou-se, nos anos 70, a alternativa que introduziu o que faltava e atribuiu uma nova legitimidade a um sem número de experiências de "trabalho popular". Experiências que, uma a uma, foram acrescentando aos substantivos tradicionais: *pesquisa, planejamento, avaliação, organização,* um mesmo adjetivo que a tudo pareceu ter dado o poder de reinventar uma ação, enfim, autêntica e eficaz: *pesquisa participante, planejamento participante, avaliação participante, organização participante.*

Nunca deixamos de crer que algumas palavras são mágicas e, uma vez pronunciadas, têm o poder de tudo fazer e transformar. Do ponto de vista do que chamo aqui formas de *trabalho de mediação* com as classes trabalhadoras, Juan Dias Bordenave anuncia a década passada como a da descoberta da *participação*.

> A década de 70, talvez, mereça um lugar na história por ter testemunhado a emergência de um fenômeno coletivo de transcendental importância: a participação popular.[2]

Entre alguns especialistas no assunto há uma tendência a trabalhar sobre opostos e fazer da idéia de *mobilização popular* o contrário de *participação popular*. Esta subscreve uma forma autêntica e progressivamente autônoma de integração de sujeitos e grupos populares em espaços e frentes de conquistas do trabalho político do povo. A outra sugere formas manipuladoras e dependentes de participação.

> Isto pressupõe ademais um certo grau de autonomia e de iniciativa por parte desses setores (populares). Desta

2. Assim também, em Marcela GAJARDO e Jorge WERTHEIM: "Ao chegar a década dos setenta, abriram-se canais de participação social e se fortaleceram grandemente as organizações populares. Do mesmo modo, surgiram novos enfoques sobre os processos educativos e os instrumentos mais adequados para apoiar os projetos de educação" (-1982: 1). Não esquecer, leitor, que a década de 70 é a da instauração ou do fortalecimento de vários governos militares autoritários na América do Sul.

maneira, distinguimos entre *mobilização* — esforço dirigido a partir de fora desses setores por líderes, dirigentes políticos ou membros do aparelho de Estado — e *participação* — movimento de base a partir de líderes e dirigentes desses mesmos setores sociais.[3]

Luis Alberto Gomes de Souza, de quem transcrevi a citação acima, propõe no mesmo artigo um conjunto de afirmações que talvez seja importante antecipar aqui.

1º) Programas oficiais ou não de "mudança social a partir de bases populares" devem ser pensados e postos em execução de modo mais político do que técnico, e devem partir de "ações antecipadoras" das classes populares; ações que sejam "experiências portadoras de futuro".

2º) Uma quantidade de pequenas experiências isoladas de "transformação gradual e progressiva" não produz efeitos políticos significativos do ponto de vista dos interesses populares.

3º) Torna-se necessário que o agente de educação detecte e estabeleça as diferenças às várias "experiências de participação" ora em curso na região (América Latina) realizadas com graus de maior ou menor democracia ou autoritarismo.[4]

Assim, aos olhos do agente de mediação, a *participação* é, de início, o teor determinante de formas de acesso do povo ao palco da História. É a meta do "trabalho popular" ao mesmo tempo em que é o seu ponto de partida. É também o qualificador dos princípios, métodos e técnicas de ações sobre comunidades, ou sobre associações de classe de minorias sociais oprimidas. Ora, a *participação* existe como uma conquista popular. A de assumir por sua conta uma prática política *de classe* (como num "movimento de trabalhadores", ou em uma "oposição sindical") ou de *comunidade* (como em uma "associação de moradores", ou em uma "comissão popular de saúde"). E ela pode existir

3. Luis Alberto GOMES DE SOUZA, 1981: 5. Tal como no caso da nota anterior, uso aqui com freqüência os documentos reunidos por Marcela GAJARDO e Jorge WERTHEIM para o livro: *Educação e Participação — Alternativas Metodológicas*, a ser editado pela *Paz e Terra*, do Rio de Janeiro.

4. Luis Alberto GOMES DE SOUZA, 1981: 2 e 5.

como aquilo que o trabalho do educador deve gerar entre índios, camponeses e operários etc. Assim, ela tanto é alguma coisa que antecede o trabalho do educador e deve definir as suas diretrizes de ação quanto o sucede e, então, parte resultante de sua presença na comunidade. De um modo ou de outro, participação é o que se deve querer produzir e fortalecer com um trabalho de Educação não-formal, em qualquer uma de suas variantes.[5] Em *Os caminhos cruzados*, incluí-

---

5. Alguns exemplos recentes de como a *participação popular* é pensada através de diferentes situações de práticas entre agentes de educação e sujeitos populares.

"A participação é uma *necessidade* humana e, por conseguinte, um *direito* das pessoas. A participação se justifica por si mesma, não por seus resultados. A participação é um processo de desenvolvimento da consciência crítica e um processo de aquisição do poder. A participação serve à apropriação do desenvolvimento pelo povo. A participação é uma capacidade que se aprende e se aperfeiçoa. A participação pode ser provocada e organizada sem que isto signifique necessariamente manipulação. A participação é facilitada pelo desenvolvimento dos fluxos de comunicação e pelo aumento das habilidades comunicativas. Devem ser aceitas as diferenças individuais na forma de participar. A participação pode resolver conflitos, mas também pode gerá-los. Não deve 'sacralizar-se' a participação: ela não é panacéia, nem é sempre indispensável" (Juan DIAZ BORDENAVE, 1981: 7).

"A necessidade humana de participação, ou de ser protagonista de sua própria história é, neste sentido, uma das necessidades não-materiais reconhecidas como condição e resultante de um processo de transformação dirigido ao aumento da qualidade de vida de uma população. A participação real da população nas decisões que afetam sua vida cotidiana supõe o reconhecimento de outras necessidades associadas que são, por sua vez, condição e resultante de um processo participativo: autovalorização de si e da cultura do grupo a que pertence, capacidade reflexiva sobre os feitos da vida cotidiana, capacidade de criar e recriar não somente objetos materiais, mas também e fundamentalmente criar e recriar formas novas de vida e de convivência social" (Maria Teresa SIRVENT, 1981: 2).

"Esta proposta política é o que neste trabalho se considera participação. Com freqüência utiliza-se esse termo com o sentido de "formar parte de" e daí se conclui que é suficiente incorporar as pessoas no grupo para que participem. No contexto da política educativa desenvolvimentista dos anos 60, falava-se, neste mesmo sentido, da 'democratização' do ensino para referir-se ao simples fato de permitir o acesso à escola.

Pelo contrário, aqui se trata de participação como 'tomar parte em', o que quer dizer que as pessoas participam quando se incorporam ao grupo com alguma margem para decidir sobre o que será feito. Neste caso, uma 'democratização' do ensino implicaria a possibilidade de intervir na tomada de decisões sobre o que vai acontecer na escola. Assim compreendida, a participação significa devolver seu sentido humano às ações, desalienálas, recuperando e

do nesta coletânea, há um momento em que lembro como, com muita freqüência, as pessoas que têm investigado o assunto distribuem os modelos de educação junto aos setores populares em três categorias, sendo uma delas associada a um trabalho pedagógico compensatório e manipulador, que alguns identificam como as experiências tradicionais de *Educação de Adultos*. Uma outra oposta a ela é a que recebe em geral os qualificativos de: *popular, libertadora* e se associa ao trabalho pedagógico de produção de uma hegemonia das classes subalternas, através do fortalecimento de um saber popular. Não é raro que, entre dois modelos tidos como opostos, se aponte uma alternativa intermediária de *educação participante*.

Tentemos uma síntese inicial. Com o intuito de promover ou servir à participação popular, seja "no desenvolvimento", seja em uma história política de transformações sociais através da acumulação de poder de classe, há, hoje em dia, experiências desenvolvidas através de agências e agentes profissionais que realizam ações sistemáticas de educação não-formal. A tarefa do educador é a de ampliar as condições de participação de pessoas como: operários, mulheres subempregadas, moradores de favelas, lavradores sem-terra, posseiros ou camponeses: a) nas organizações locais — comunitárias — criadas pelo programa, mas destinadas a se tornarem espaços autônomos de um autêntico trabalho popular (associações de bairros, clubes de mães, comissões de saúde, comunidades eclesiais de base, círculos de cultura); b) nas organizações de classe (sindicatos, oposições sindicais, movimentos e partidos populares, grupos de "luta pela terra"). Assim, a idéia de *participação* opõe-se à de *mobilização* popular, no mesmo sentido em que autono-

---

integrando as fases de planejar-decidir-operar-avaliar para cada um dos agentes educativos." (Manuel ARGUMENDO, 1981: 2).

"Explicitar esta dimensão dos processos educativos com setores populares permite abordar alguns alcances das dimensões pedagógicas desta prática. Nela, ação e reflexão se concebem como processos atualizados através de metodologias participativas que propiciam o desenvolvimento de uma capacidade crítica e uma melhor compreensão dos mecanismos de funcionamento da sociedade e do papel que as organizações têm nas formas possíveis de inserção na mesma. Daí a ênfase de sujeitar o sujeito educativo ao desenvolvimento, transformação e/ou criação de organização de base, e o que alguns autores denominam como a transformação do povo em sujeito político (Marcela GAJARDO e Jorge WERTHEIM, 1981: 3).

mia dos movimentos populares pode ser um oposto do controle externo dos programas tradicionais de organização comunitária.[6]

No entanto, as idéias novas, quando não substantivadas por ações que as tornem inequívocas, afirmam-se justamente pelo seu poder de ambigüidade. *Participação* é, hoje, uma palavra que parece servir tanto a Ernesto Cardenal quanto a Pinochet. Programas de "educação e desenvolvimento", cujo principal objetivo é tornar atuais nas comunidades populares formas ágeis e sutis de controle social exercido por estados autoritários, têm feito da *participação popular* se não a prática, pelo menos o lema. Ela é, por exemplo, a segunda palavra-chave no "slogan" do governo do Estado de Pernambuco, no Brasil, cujo autoritarismo reflete, ali, as estratégias de controle do poder central: "desenvolvimento com participação", gritam imensos painéis espalhados por toda a parte. Por detrás deles, na beira dos dois grandes rios que cortam o Recife, uma população miserável de moradores retirantes dos "mocambos" morre à míngua e à margem.

A fim de não guardar segredos para a "conclusão", quero dizer de saída que, em si mesma, a idéia de *participação* não significa coisa alguma. O recurso sanitário de opô-la à idéia de *mobilização*, também não ajuda muito, mesmo quando a oposição pretende qualificar formas de "desenvolvimento" ou de "transformação social" a partir de bases populares. No limite, o desafio da participação está

---

6. Muitos estudos e suspeitas vindos do trabalho sobre o terreno denunciam o dirigismo de agências de mediação que, prestando serviços sociais setoriais às comunidades periféricas (de saúde, de educação, de lazer, de "cultura", de habilitação etc), na verdade prestam serviços políticos do interesse de grupos de poder, através de setorialização e, assim, tornar mais difuso e efetivo o controle das ações e idéias das classes populares. É neste sentido que Paul Singer nomeia tais agências como de *serviços de controle* cuja função é... "evitar que contradições, seja no plano econômico social ou mesmo natural, venham a perturbar a produção ou o consumo de bens (materiais ou imateriais) dentro da ordem constituída. Tais contradições podem provir do contato com o meio material onde se originam muitas das enfermidades) ou do relacionamento dos homens entre si (que originam choques, transgressões dos códigos de condutas, enfermidades mentais). Os serviços de controle atuam sobre estas contradições previamente, alterando o meio natural hostil do homem, ajustando o indivíduo às normas do grupo — ou corretivamente — curando, prevenindo, reprimindo" (Paul SINGER, 1978: 13).

em saber a que tipo de poder concretamente ela serve e, portanto, a que projeto político de "desenvolvimento" ou de "transformação" ela aponta. Assim, compreender o valor da *participação popular* e traçar a sua estratégia exige pensar antes a questão da produção social de poder das classes populares através da participação.

2. A PARTICIPAÇÃO POPULAR: ALGUMAS REFLEXÕES RECENTES

Como tudo aquilo que pode servir de fundamento a formas muito diferentes de práticas sociais, a participação popular tem sido pensada recentemente como uma categoria de ação que possui níveis, estilos, fases e domínios diversos. Por exemplo:

> A participação comporta diferentes níveis. Pode dar-se a nível *econômico*, com a presença ativa na tomada de decisões das unidades de produção e na propriedade das mesmas, sendo possível detectar um sem número de experiências de co-gestão, empresas comunitárias, cooperativas etc. A participação na área *social e cultural* compreende ações em diferentes instituições da sociedade onde se articulam interesses de classes ou grupos, circulam valores, normas, pautas de conduta, manifestações de criatividade artística (sindicatos, escolas, associações, clubes etc.). A participação na área *política* corresponde à participação no processo de tomada de decisões, desde as estruturas do poder local, até o plano nacional (partidos e movimentos).[7]

Quando Marcela Gajardo e Jorge Wertheim refletem as possibilidades de uma *educação participativa,* eles começam por opor períodos. A década de 60 foi dominada por programas da ação comunitária cuja base foi a "teoria da marginalidade". Reincorporar à ordem social vigente e incorporar ao processo de desenvolvimento frações de categorias de sujeitos subalternos e espaços sociais de vida "subdesenvolvidos", "defasados", "tradicionais". Na década seguinte, a proposta que invadiu os programas de ação comunitária é o da abertura de canais de participação social dos subal-

7. Luis Alberto GOMES DE SOUZA, 1981: (5 e 6).

ternos, através do fortalecimento de suas próprias organizações. Foi o tempo em que "surgiram novos enfoques sobre os processos educativos e os instrumentos mais adequados para apoiar os projetos participativos".[8]

Mais adiante, no mesmo documento, os dois autores categorizaram tipos de programas de mediação entre os quais a participação define estilos e estratégias. "Há programas governamentais de educação com setores populares", em que o trabalho feito pelo educador junto à comunidade é considerado como um fator importante de integração e apoio popular a processos de desenvolvimento econômico e social, desde que tudo se faça "no marco das estruturas vigentes". Outros tipos de programas enfatizam a mudança da própria estrutura social como a meta política do trabalho pedagógico do educador, trabalho este que participa da construção da ponte entre "os interesses e necessidades das classes populares" e a produção "de um novo sistema de relações sociais".[9] Entre um modelo e outro, a meio caminho estão os projetos em que a Educação Popular é chamada a orientar estratégias do desenvolvimento para a realização das necessidades "autodeterminadas pelos setores populares em suas organizações de base". Um exemplo a mais das trilogias de modelos de que falei algumas páginas atrás. O pressuposto aqui é o de que a reformulação do quadro vigente de poder é a condição do próprio desenvolvimento. Organizações populares autônomas são constituídas, ocupam espaços políticos no intervalo entre o poder da sociedade civil e o do estado. Finalmente, uma nova ordem do processo de tomada de decisões passa a ser determinada pela oposição entre "um poder central representado pelos organismos oficiais e um poder de base que emerge na busca de novas modalidades de expressão".[10]

Reconhecendo que existem possibilidades de participação popular em diferentes situações da vida social, reconhecendo também que, em tese, a participação atravessa diferentes modelos de relações de poder de classe, Marcela Ga-

---

8. A idéia prossegue: "Entre eles devemos assinalar como determinante da prática neste período, a concepção conscientizadora da educação e as correntes liberadoras e sociopolíticas a que estas deram origem" (Marcela GAJARDO e Jorge WERTHEIM, 1981. 1).
9. Idem, 2 e 3.
10. Idem, 3.

jardo e Jorge Wertheim concebem como legítima participação, apenas aquela que produz efeitos diretos de *poder de classe* para os setores populares participantes, por exemplo, de uma prática de educação popular.

Outro é o modo como Maria Teresa Sirvent procura compreender as situações da participação dos sujeitos tradicionais dos programas de mediação. É de um seu estudo recente que quero buscar algumas idéias mais próximas a este exercício de repensar a *participação*. Maria Tereza realizou uma pesquisa de campo junto a "categorias sociais das áreas urbanas ou suburbanas comumente designadas de setores populares". Investigou periferias de Buenos Aires e de São Paulo.[11] Preocupada em conhecer como famílias pobres das "periferias" distribuem a rotina da vida pessoal de seus membros e a vida coletiva da comunidade ao longo do tempo livre, ela amplia o sentido que é dado à *participação* em outros textos.

> A investigação se dirige à análise dos seguintes núcleos de variáveis: uso do tempo total da população; atividades específicas para o tempo livre; exposição a meios de comunicação de massa; assistência a museus, bibliotecas e exposições; vida na comunidade; atividades de participação formal e informal; significados manifestados das atividades de tempo livre, da exposição a meios de comunicação de massa, de assistência a museus, das exposições e da participação social; necessidades e aspirações, expectativas referentes ao uso do tempo, ao vencimento (rendimento familiar) e à participação social.[12]

O seu objetivo é o de desvendar, no interior da vida social do cotidiano popular, as pistas de uma participação socialmente significativa. Ou seja, os modos de uma participação popular capazes de expressarem uma consciência e uma prática criativa de classe. Ela define o que seja isto.

> A necessidade humana de participação, ou de ser protagonista de sua própria história é, neste sentido, uma das necessidades não-materiais reconhecidas como condição e resultante de um processo de transformação

---

11. Maria Teresa SIRVENT, 1981: 1.
12. Idem, 2.

dirigido ao aumento da qualidade de vida de uma população. A participação real da população nas decisões que afetam a vida cotidiana supõe o reconhecimento de outras necessidades associadas que são, por sua vez, condição e resultante de um processo participativo: autovalorização de si e da cultura do grupo a que pertence, capacidade reflexiva sobre os feitos da vida cotidiana, capacidade de criar e recriar não somente objetos materiais, mas também e fundamentalmente criar e recriar formas novas de vida e de convivência social.[13]

Maria Tereza denomina "práticas culturais populares" às atividades comuns, habituais e de ampla difusão, que ocupam o tempo de vida "fora do trabalho produtivo".[14] Ela considera dois estilos opostos de práticas cotidianas populares: 1º) o estilo *consumista* "próprio da exposição aos meios de comunicação de massa, que se caracteriza pela ação de receber como expectador, sem modificar os objetos"; 2º) o estilo *produtivo-criativo*, "caracterizado por uma ação transformadora sobre os objetos, através da realização, da criação, do descobrimento ou da expressão".[15]

Entre um e outro, a autora coloca as *práticas culturais intermediárias*, alguma coisa a meio caminho entre o deixar-se ficar horas a fio diante da televisão e participar ativamente dos trabalhos de uma associação popular de bairro.

Como práticas intermediárias temos os passeios, as atividades de interação social (na família ou fora dela); os jogos sociais (cartas, bilhar ou damas); prática de desportos ou de manualidades onde prima a imitação, mais do que a criação ou recriação. A importância destas práticas intermediárias reside na presença potencial da maioria da população de uma série de conotações participativas e criativas que podem ser desen-

---

13. Idem, 8.
14. Idem, 14.
15. Idem, 15. A idéia prossegue fértil na autora: "As práticas culturais coletivas de associação comunitária podem ser exemplo de estilos produtivos, não-consumistas, nas formas de vida cotidiana dos setores mais carenciados. As atividades de participação social possibilitam o desenvolvimento da invenção ou a criação em termos de soluções para os problemas comunitários. O vizinho que participa está refletindo, buscando novas soluções a velhos problemas, novas formas de ação" (1981: 14).

volvidas e enriquecidas através de um programa de ação dirigido ao desenvolvimento humano.[16]

Poderiam ser outros os resultados da pesquisa? Tanto em Buenos Aires quanto em São Paulo a maior parte do tempo que sobra do trabalho produtivo é vivido entre atividades de estilo consumista. Uma proporção muito reduzida da população trabalhadora participa da vida social cotidiana segundo o estilo crítico-participativo: vai a reuniões de associações de bairro, envolve-se com grupos locais de trabalho popular. Um número ainda razoável de pessoas participa de atividades culturais intermediárias. Em Buenos Aires predominam as visitas sociais a familiares, os "jogos sociais", os de campo, as reuniões e pequenas festas de jovens. A solidariedade vicinal rege tais relações.[17]

No caso de São Paulo claramente fazem-se conservadas as estruturas de solidariedade e de comunicação próprias das comunidades rurais que, às vezes, em outras cidades da América Latina se vão deteriorando, à medida que os migrantes rurais "integram-se" à vida urbana.

A solidariedade é entendida em termos de uma "disputa" mútua no momento de necessidade e se expressa por relações informais de ajuda direta ao vizinho ou de apoio afetivo e material frente a situações pessoais trágicas (enfermidades, morte, incêndio de moradias).[18]

Sem meias palavras, se este quadro da situação das populações trabalhadoras é real, o que o educador popular deve pretender é "salvar" o povo da participação consumista, redimensionar com ele as formas tradicionais de participação intermediária e incrementar, favorecendo a que se tornem ativas e autônomas, as formas e estruturas populares de participação crítico-criativa.[19]

---

16. Maria Teresa SIRVENT, 1981: 28.

17. "Isto quer dizer que as notas salientes das práticas intermediárias em relação à imediatez física e afetiva são reflexos ou indicadores de um dos ingredientes básicos na vida cotidiana dos setores populares: a solidariedade. Esta característica própria das relações sociais em comunidades rurais se prolonga nos bairros periféricos dos setores populares urbanos" (Maria Teresa SIRVENT, 1981: 50).

18. Maria Teresa SIRVENT, 1981: 30 e 31.

19. O estudo da autora é rico em sugestões sobre como tornar efetivamente *participativa* a participação através da prática pedagógica. Sugiro ao leitor a leitura de todo o seu trabalho.

3. AS DIMENSÕES POPULARES DO "PARTICIPAR"

a) As estruturas tradicionais da participação

Sempre impressiona a todos aqueles que pesquisam a fundo o que costumeiramente chamamos de *comunidades populares* (algo que de modo vago pode ir de uma sociedade tribal da Amazônia aos limites de um bairro da periferia proletária no México), o fato de que ali existem formas impostas ou autônomas de organização da vida social, cuja complexidade é muitas vezes maior do que aquela que se mostra "de passagem". Todas as esferas da vida social: a da família, a de vizinhança, a dos grupos religiosos ou das equipes de trabalho produtivo, os da prestação de serviços sociais e simbólicos (o trabalho de rezadores, benzedeiras, mestres rituais, especialistas populares etc.), as de produção e reprodução das mais diferentes formas de saber, estão entretecidas de sistemas complexos de relações-posições entre categorias diversas de sujeitos. Um conhecimento um pouco mais elaborado da idéia de cultura diria ao educador que ela não é, ou não está, em cada uma das "coisas" que as pessoas do lugar fazem ou criam com o seu trabalho, seja ele o do lavrador, seja o do artesão. Diria, também, que ela não *é* e não *está* em algumas, ou em cada uma das redes de relações sociais e simbólicas tomadas isoladamente: as da família, da parentela, da vizinhança, de uma equipe de trabalho agrícola ou ritual. Diria, portanto, que ela não é nem *está* em algum lugar específico da trama complexa das redes da vida social, mas, ao contrário, *é* e *está*, na teia que articula todos os sistemas de relações sociais e simbólicas e, mais ainda, está nos significados que, através do todo, dão sentido a cada uma delas. A cultura não é aquilo que os homens *fazem* e, por isso, não pode ser "trabalhada" com a simplicidade de alguns "programas", mas é aquilo que eles simbolicamente se *dizem*, através da trama complexa do todo que *faz* as suas vidas.

Em dois trabalhos anteriores, onde o olhar do antropólogo superou a preocupação do educador, procurei demonstrar como aquilo que tradicionalmente os estudiosos chamam no Brasil de: Catolicismo Popular, não é apenas uma forma difusa de religiosidade marginal às estruturas e práticas da religião oficial. Ao contrário, sobretudo no mundo rural, ele constitui um *sistema comunitário de práticas* e crenças cuja trama de relações entre sujeitos, serviços e símbolos permite a reprodução de um trabalho religioso popular ao longo de séculos, com formas muito articuladas de distribuição de tarefas e serviços, e com sistemas altamente eficazes de utilização tanto dos símbolos da crença quanto da lógica do pensar a religião popular, como um entre outros sistemas de uma *cultura popular*. [20]

Aqueles que por toda a América Latina se dedicam a estudos ou a práticas ligadas a formas populares de medicina, por certo encontram ali uma mesma ordem interna de relações. Onde a imaginação apressada do investigador de "condições de vida" descobre fragmentos rústicos de uma "cultura popular", a investigação cuidadosa do pesquisador das estruturas sociais que articulam tais "condições" descobre sistemas e lógicas de trocas de modalidade de saber e trabalho de cura, tanto em comunidades primitivas de todo o continente quanto na periferia operária das grandes cidades. Tipos diversos de agentes populares de cura — alguns deles ligados a grupos religiosos, outros não — articulam entre si modelos e alternativas de tratamento dos males do corpo e do espírito, que uma mesma racionalidade popular de conhecimentos a respeito das trocas entre o homem e o mundo pensa, classifica e consagra.

Qualquer mãe de uma aldeia de camponeses possui na sua memória de mulher o mapa não só dos segredos caseiros dos inúmeros recursos rústicos de cura, como também dos inúmeros tipos de curandeiros, raizeiros, farmacêuticos populares, rezadores e benzedeiras a quem recorrer em cada caso.

Estudo atualmente formas sociais de reprodução do saber em comunidades de camponeses brasileiros. Parto de uma suposição muito simples. A de que por debaixo daquilo a que demos o nome de "cultura popular", que há anos tendemos a compreender como sistemas simbólicos — em boa parte impostos pela ação ideológica e pedagógica das classes dominantes, e em parte resultante do trabalho criativo de recriação cultural das classes populares — existem estruturas, redes e sistemas articulados de um permanente trabalho social de produção e reprodução do saber.

---

20. Os dois livros são: *Os Deuses do Povo — um Estudo sobre Religião Popular*, Ed. Brasiliense, 1980, e *Sacerdotes de Viola*, Ed. Vozes, 1981.

O que quero dizer é que a "cultura popular" não existe em si, "constituída" e "imóvel", à espera, da atenção curiosa do pesquisador, ou da atenção pedagógica do "agente de mudança". Não existe, também, apenas através do trabalho isolado de alguns criadores populares, pequenos "sábios do lugar", a quem ignoramos, às vezes, porque atrapalham; a quem incorporamos como "líderes de comunidade", outras vezes, quando ajudam.

Formas populares tradicionais de pensar o mundo, de torná-lo capaz de ser compreendido e intercomunicado, de agir sobre ele, são partes de sistemas de conhecimento. Frações dos muitos modos de um saber popular sustentados por estruturas comunitárias de trabalho criativo de que os *sábios*, os *mestres* e outros *sabedores* "do lugar" são categorias de agentes. São também sistemas de codificação popular da conduta comunitária, ou da conduta social da classe *na* comunidade. Sistemas de regras que classificam o mundo social interno, distribuem modos de participação e controlam o seu exercício. Sistemas que, no interior da autonomia relativa dos subalternos, estabelecem maneiras de lidar com e entre os sujeitos, e também com as agências de controle e mediação vindos de outras classes, "de fora".

Quando o educador popular descobre que apesar da boa fé e da metodologia adequada, a resposta comunitária ao "programa" é muito pequena, quantas vezes ele se pergunta se esta pequena participação popular no seu "círculo de cultura", no seu "grupo de jovens", não é devida ao fato de que ele invade círculos e grupos anteriores, existentes dentro de sistemas próprios de trocas de saber? Quando o agente de organização-participação comunitária verifica que as pessoas *usam* as agências de mediação prestadoras de serviços setoriais — o posto de saúde, o centro comunitário, a escola — sem, no entanto, *se comprometerem* com dedicar tempo e motivação de sua vida cotidiana a qualquer uma delas, será que ele se pergunta a razão real disso? Uma comunidade que se recusa a reorganizar-se segundo o padrão do "programa", para depois *participar* autonomamente dele, de acordo com as pautas da participação definidas pelas regras do programa, não age assim porque possui as suas formas próprias de organização da vida e de trabalho interno e, no seu interior, os seus modos tradicionais e persistentes de participação?

Aquilo que Maria Teresa Sirvent chama de *formas culturais intermediárias*, é parte da estrutura dos modos essenciais de participação popular, de acordo com o modo de o povo pensar e viver a participação. Visitas, pequenas festas, jogos, brincadeiras de meninos e rituais religiosos de velhos são o *trabalho social da vida popular*. São partes articuladas da *cultura popular*. Ali há ritos, símbolos, sistemas de crenças do imaginário de índios, de camponeses ou de operários. São também partes da *estrutura de classe* na comunidade e são, portanto, formas sociais ativas do *participar*, mesmo quando são ativamente "tradicionais". São, finalmente, modalidades resistentes de opor a sistemas invasores de intervenção sobre uma vida subalterna e tradicional, mas articulada e consciente das diferenças entre o "seu mundo" e o "de fora", os sistemas internos de trabalho popular: os da educação (a *educação popular que o povo faz*, e que não só reproduz o seu saber, como legitima o "saber como povo"), os da saúde, os da religião, os do lazer, os de produção de símbolos e identidades de classe ou de etnia.

Uma curiosa pergunta poderia ter sido feita à sábia pesquisa de Maria Teresa Sirvent. Por que diabos a multidão de "pobres e oprimidos" que à noite se aboleta diante das novelas de televisão e se delicia com os prazeres baratos do "estilo consumista", resiste como pode a participar das reuniões do círculo de cultura ou da comissão do bairro (cujos índices de evasão às vezes são tão grandes nos programas "do governo" quanto nos "alternativos"), nas reuniões de uma última experiência de "escola-e-comunidade", e nas do "programa de medicina comunitária"? Por que, fora os pequenos grupos de sujeitos *conscientizados* e *participantes*, a "comunidade" resiste a participar do que a tornaria, finalmente, *participante?*

Arrisco uma resposta. Sei que há outras. Porque a televisão que lhes invade o interior da casa e da alma, não invade o interior da vida de sua ordem social popular. Não propõe metas, mas sonhos e ilusões. Não pretende organizar coisa alguma e, portanto, não ameaça uma organização popular comunitária que resiste a ser transformada, sobretudo quando sabe que não terá o poder de dirigir o processo e sequer saberá qual é a sua direção.

Alguns estudos feitos com populações de migrantes das grandes cidades têm demonstrado um poder de persistência de formas tradicionais na reorganização da família, das relações de vizinhança, do modo de vida popular, que custa ao promotor social da *participação* compreender.[21] São formas tradicionais de recriar, na cidade, modelos perdidos da vida rural. Quando a comunidade "de periferia" se moderniza e parece ganhar um aspecto finalmente "urbano", até isto resulta de um articulado trabalho coletivo (mesmo quando não-formalizado, e esta é a sabedoria dos subalternos) de trocas de símbolos, poderes e códigos sociais.

Aqueles que se apresentam como educadores nas comunidades populares, aprenderiam muito se percebessem como entre eles, os homens do povo se tratam de "mestre" e "discípulo", porque possuem inúmeros tipos de especialistastas e inúmeros graus legítimos de hierarquização, tanto do trabalho quanto do saber.

b) A produção da participação orgânica

Até aqui procurei refletir brevemente sobre uma participação popular um pouco fora do modo como o educador reflete sobre ela. Parti da categoria "formas culturais intermediárias" da pesquisa de Maria Teresa Sirvent, para apenas enunciar a idéia de que, justamente este "intermediário" é o espaço social da vida *das* classes populares *em* suas comunidades do cotidiano. Com um pouco mais de ousadia eu poderia fazer aqui duas afirmações não muito ortodoxas:

1ª) É a partir de condições e modos próprios e relativamente autônomos de organização social e simbólica da vida, que pessoas e grupos populares definem, de modo ativo, como participam até mesmo das práticas de estilo consumista;

2ª) Da mesma maneira, é também a partir de uma ordem social própria — ainda que em parte imposta por mecanismos do poder e mesclada com valores da "ideologia dominante" — que os siste-

---

21. Entre outros o estudo de Eunice Durham: *A Caminho da Cidade,* Ed. Perspectiva, 1975.

mas comunitários de organização interna da participação na vida popular (a vida *da* classe *na* comunidade) estabelecem procedimentos e regras de participação de seus membros nos programas "participativos", ou seja, nas propostas pedagógicas de passagem do *estilo consumista* e das *formas tradicionais intermediárias*, para o *estilo crítico-participativo.*

À medida que, com ou sem o concurso de práticas de mediação participativa, são dadas condições de um trabalho *de* classe *na* comunidade, é possível que se verifique, endogenamente, uma passagem de *formas tradicionais* de participação na vida social, para *formas orgânicas*. Este é o momento da origem dos *movimentos populares*, no sentido em que eles têm sido entendidos na América Latina.[22] Lutas de posseiros por suas terras no Norte do Brasil, movimentos de trabalhadores rurais no Estado de Goiás, o trabalho de oposições sindicais contra o poder de sindicatos controlados por "pelegos", comissões populares de mulheres, de "saúde", de "educação", todas essas formas de reorganização da participação popular não destroem necessariamente os modos tradicionais de articulação do cotidiano. Incorporam a ela novas atitudes, novos códigos de relações entre vizinhos, entre homens e mulheres, entre os jovens da comunidade. Não é raro que alguns mestres de trabalho religioso tradicional venham a ser, um pouco adiante, militantes orgânicos de movimentos e frentes de lutas.

A comunidade que durante muitos anos usou, de modo manipulador, os serviços sociais de mediação (da "escola" à "igreja") e resistiu a se deixar transformar sob o seu

---

22. Exemplo de um modo de compreensão do que seja hoje *movimento popular* no Brasil: "Por movimento popular entendemos todas as formas de mobilização de pessoas das classes populares diretamente vinculadas ao processo produtivo, tanto na cidade quanto no campo. São movimentos populares as associações de bairros de periferia, ou clubes de mães, as associações de favelados, os grupos de loteamentos clandestinos, as comunidades de base, os grupos organizados em função da luta pela terra e outras formas de lutas e organizações populares. E pela sua própria natureza, possui um caráter de classe definido pelas categorias profissionais que o integram". (Documento de São Bernardo, II Encontro Nacional de Dirigentes Sindicais e Militantes do Movimento Popular — 1980, 1 — mimeo).

poder (sob o poder de quem os colocou "lá", para fazerem a sua fração de controle), pode aos poucos criar as estruturas de trabalho político que aportam condições de interagir, segundo as suas *regras de participação*, frente aos *programas participativos*, de que os de *educação popular* são um bom exemplo.

Não resta dúvida de que muitas práticas de trabalho popular desenvolvidas por grupos de mediação ajudam muito no surgimento ou o fortalecimento de grupos e modos de participação popular orgânica. Modos de participação política em que a classe *na* comunidade explicita os seus interesses, define os seus caminhos enfrenta as suas próprias divisões, os seus impasses, e estabelece as suas metas. Modos de participação que, superando as formas tradicionais defasadas de vida e representação da vida comunitária resistem aos esforços de *modernização* dos programas manipuladores, e coexistem com aqueles que colocam a educação, por exemplo, como um trabalho a serviço dos movimentos populares.

Quando alguns dos autores convocados aqui, com insistência, definiam a *participação popular* como a expressão da autonomia de um progressivo *poder popular*, creio que era a respeito dessa passagem do *tradicional* ao *orgânico* no interior das classes populares, que eles falavam. Quando procuravam estabelecer o código de prática de programas participativos, queriam traduzir uma idéia hoje comum entre nós: a de que não cabe ao trabalho mediador a tarefa de criar "para o povo" os seus "movimentos de participação". Cabe apenas a tarefa de colocar a sua prática como um serviço acessor à produção das formas reais de *participação popular* através das *organizações de poder de classe*, mesmo quando, em um primeiro momento, elas venham a ser criadas por um "programa de educação".

Isto, penso, nos remete a pensar sobre como, na prática, opêram os diferentes espaços de "trabalho popular". Seria útil, fazermos aqui uma pequena etnografia dos conflitos e alianças das *estratégias de participação*. Para que o exercício nos sirva também de conclusão, proponho dividi-lo em itens e começar por algumas afirmações que, pelo menos em parte, nos farão retornar a idéias já apresentadas aqui, por mim e por outros companheiros.

4. O CAMPO PEDAGÓGICO DE PARTICIPAÇÃO

a) Em si mesma a idéia de *participação* não serve para sustentar projetos de educação popular. Ao contrário, como um mero qualificador de prescrições de trocas entre educadores eruditos e educandos populares, a participação é uma categoria ambígua e sujeita a ser proposta como base de ações de educação como um meio de fortalecimento de saber--poder popular, tanto quanto como fundamento de programas pedagógicos de simples manipulação.

b) Do mesmo modo, idéias como as de: *desenvolvimento, desenvolvimento sócio-econômico, desenvolvimento rural integrado, transformação social,* não definem suficientemente o teor da participação popular.

c) *Participação* ou *transformação* são categorias ambíguas que apenas ganham sentido capaz de orientar práticas de educação popular, quando são substantivadas por orientações políticas definidas a que se submetem. A questão não está em estabelecer metodologicamente como o povo participa de trabalhos pedagógicos, mas definir: 1º) a que tipo de projeto de classe serve o trabalho de educação, ou seja, ele reforça a hegemonia do poder estabelecido ou, dentro dos seus limites, contribui para a formação de uma nova hegemonia popular?; 2º) a quem corresponde, socialmente, o poder de controle sobre o teor político de participação e das transformações que ela deve realizar.

d) Ainda que a cada conjuntura correspondam relações de forças e alternativas de relações sociais de teor político diferentes, de um modo geral na sociedade classista, a educação não é apenas uma questão de saber (como não o deixa de ser, mesmo na sociedade tribal), mas uma definida questão de poder da classe. É historicamente um dos mais eficazes locais e meios de anúncio sistemático da *palavra legítima* e é um dos mais persistentes domínios de lenta inculcação de hábitos e motivações, não tanto pelos conteúdos que enuncia, mas pela sua capacidade de disciplinar: de formar "maneiras de ser" de acordo com interesses extra-educacionais de "maneiras do proceder" entre pessoas de diferentes classes sociais. Há nela *força*, há nela um poder de participar ou não de projetos políticos que contribuem para a participação popular nas tarefas históricas de transformações sociais. Aquilo que a educação nunca realiza sozinha, nunca se realiza sem alguma forma de educação.

e) Ora, onde alguns educadores distinguem dois grandes modelos opostos de projetos de educação das classes populares: a *educação popular* e a *educação de adultos*, há, na prática, três formas diferentes, de acordo com: 1º) o tipo de agente produtor e controlador; 2º) a definição dos interesses e propostas do trabalho pedagógico; 3º) as alternativas de participação popular e as modalidades de sua autonomia. Há uma forma de trabalho pedagógico que configura o que tenho chamado de *educação do sistema*, de um sistema de poder dominante a quem interessa o fortalecimento modernizador da ordem social desigual. Uma educação que se dá dentro ou fora da escola e que utiliza propostas manipulatórias de "participação" como instrumentos setoriais de legitimação da própria dominância. Há uma outra forma de trabalho pedagógico, cuja proposta de prática é o serviço da produção e fortalecimento de um poder popular através da instrumentalização, do desvelamento e do fortalecimento do saber que o povo adquire com a prática dos movimentos populares e consolida com a reflexão e a "cientificação" de sua própria prática. É deste trabalho, de que participam educadores comprometidos, que proponho chamarmos de *educação popular*. Há formas de reprodução do saber internas aos próprios sistemas de trocas sociais e simbólicas das classes populares. Chamemo-la *educação de classe*. Saibamos reconhecer que, livre de regras e estruturas de formalização erudita das relações de saber, ela existe tanto nas estruturas tradicionais de qualquer comunidade camponesa quanto nos movimentos populares, expressões orgânicas do trabalho político dos próprios camponeses, em outros termos.

f) Dado que a prática pedagógica em qualquer uma de suas formas não tem sentido em si no interior das comunidades populares, sendo, na verdade, uma prática política que setorializa, para o campo das *relações de saber, relações de poder* através do conhecimento, é preciso pensar a questão da participação popular nas atividades de educação, ao contrário. É o modo como um trabalho de educadores *participa* do jogo das relações de poder dentro de um campo pedagógico (um campo político de relações de aliança e conflito entre formas diferentes de relações de saber), o que determina *como* e *para o que* sujeitos e grupos populares participam dele. Participam de seus trabalhos: *pesquisa participante, planejamento participante, avaliação participante* etc.

g) Assim, um programa de "educação e desenvolvimento" controlado por uma agência de um governo autoritário, pode propor um trabalho comunitário cuja propaganda seja a idéia de "participação". As pessoas da comunidade são convocadas a participarem, a dar sugestões, a avaliar o trabalho. São formados grupos e dirigentes locais podem aparecer como coordenadores. No entanto, o espaço de controle popular é subordinado a um domínio externo de controle político sobre a totalidade do programa, o que torna uma farsa a autonomia popular dentro dele, ou através dele, sobre o conjunto de relações sociais determinantes e externas nunca incluídas dentro do programa de "educação e desenvolvimento", ali onde ele se realiza. Não é raro que programas de desenvolvimento social integrado conclamem comunidades de camponeses a participarem de práticas associativas ("povo-e-governo"), onde a aparência sutil de uma participação popular na verdade oculta: 1º) as questões determinantes do próprio não-desenvolvimento, como o fato de a comunidade haver sido expropriada, um dia, do todo ou da parte de suas terras originais, melhores e mais produtivas; 2º) o interesse do programa em "organizar" a vida comunitária de tal modo que, social e simbolicamente, ela perca poderes de produção de suas próprias organizações de classe. Este é o momento em que o *moderno* do sistema dominante trabalha contra o *"orgânico"* da comunidade camponesa, por exemplo, em nome de livrá-la de sua ordem e de sua lógica "tradicionais", responsáveis únicos por seu "atraso".

h) De outra parte, dentro de uma prática pedagógica comprometida com a produção e o fortalecimento de um poder popular, é possível que as "figuras sociais de participação sejam limitadas" em alguns momentos do trabalho na comunidade. Mas todo o trabalho do educador deve servir e estabelecer condições de participação de sujeitos e grupos populares não *no programa de educação*, mas, através dele, *em seus próprios projetos comunitários e de classe.*

i) Assim, em muitas comunidades onde agências do poder do Estado concorrem com agências de uma educação popular alternativa e ambas lutam entre si pela "posse" de sujeitos e espaços de trabalho de mediação na comunidade, o critério diferenciador da *participação* não é proporção de "povo participando", mas a contribuição do trabalho pedagógico aos projetos políticos dos movimentos populares. De modo mais claro, é participante e torna autêntica a participação popular, a educação que serve a *educação de classe:* 1º) livrando-a de perder as suas estruturas de reprodução de saber e os seus sinais de identidade, frente aos poderes e propagandas de uma modernização participante; 2º) facultando-a passar de reprodutora de saberes e valores populares tradicionais, para saberes e valores orgânicos.[23] Esta é também a oposição entre a *organização de comunidade* que conduzem às práticas de

---

23. A pesquisa que realizo neste momento a respeito de "estruturas e processos sociais de reprodução do saber popular" tem como um dos seus objetivos a descrição de como, justamente, estão organizadas, no interior, de comunidades camponesas, as suas redes e os seus momentos criativos de trocas de saber. Pretendo investigar, também, as formas concretas de passagem do saber tradicional (o "da comunidade", do agente popular a quem interessa a preservação de conhecimentos "dos antigos"), para um saber orgânico, aquele que as classes populares começam a aprender através de seu próprio trabalho político, quando o 'compadre" vira o "companheiro".

manipulação de formas de educação do sistema, e uma *organicidade de classe*, que reveste de um verdadeiro sentido a idéia de participação popular.

BIBLIOGRAFIA

Juan DIAZ BORDENAVE, Comunicação Participativa: novas funções para os meios cooptados, 1981, mimeo. Tal como este outros artigos a que faço referência aqui e que assinalo nesta Bibliografia com um * foram escritos para o livro *Educação e Participação — Alternativas Metodológicas*, a ser editado pela Paz e Terra, Rio de Janeiro. O livro é coordenado por Marcela Gajardo e Jorge Wertheim.

Marcela GAJARDO e Jorge WERTHEIM, *Alternativas Metodológicas e Educação Participativa* *

Luis Alberto GOMES DE SOUZA, *A Participação Popular na América Latina.* *

Maria Teresa SIRVENT, *Participação, Educação e Cultura Popular.* *

Manuel ARGUMEDO, *Elaboração Curricular e Aprendizagem Coletiva na Educação Participativa.* *

Carlos Rodrigues BRANDÃO, *Os Deuses do Povo*, um estudo sobre a religião popular, Vozes, Petrópolis, 1981.

Sacerdotes de Viola, Brasiliense, São Paulo, 1980.

Eunice DURHAM, A Caminho da Cidade, *Perspectiva*, São Paulo, 1975.

Militantes de Movimentos Populares no Brasil, Documento de São Bernardo, 1981, mimeo.

A Avaliação: escritos sobre um Estranho Ritual

e muitas pequenas coisas acontecidas no planeta estarão esquecidas para sempre.

Ferreira Gullar
O Poema Sujo

Documento escrito para o Seminário Latino-americano de Avaliação de Programas de Educação de Adultos.

Rio de Janeiro, 22 a 30 de setembro de 1983.

1. ANOTAÇÕES PRÉVIAS

Este é um documento dirigido a um debate imediato. Será dito ao lado de outros e a discussão que travaremos juntos a seguir deverá envolvê-los todos. É por isto que as anotações escritas aqui procuram ser mais provocadoras do que deve ser esperado. Elas querem pensar o lado de silêncio que documentos mais profissionalmente competentes do que este costumam possuir. Não por serem menos críticos, é verdade, mas porque são pensados por educadores, não raro especialistas de muitos anos em *avaliação* que, ao revelarem as questões de sua própria prática, fazem-no dela para fora. Fazem-no, também, partindo do pressuposto de que falam sobre um problema metodológico cujas questões críticas não devem sair das fronteiras da própria *educação.*

As idéias expostas aqui não relatam experiência alguma e, neste sentido, receio que serão bastante menos úteis do que outras, já relatadas. Não são também o resultado de um estudo demorado sobre o assunto. Eu jamais teria ânimo para realizá-lo. Vindas, portanto, de um não-especialista cujo único mérito é ter estado durante alguns anos participando de assessorias a trabalhos de educação popular, sobretudo em meio rural, bem como de incontáveis encontros e seminários como este que nos reúne, sugiro que sejam tomadas como um material apenas complementar em nossos debates. Por outro lado, é importante lembrar que as críticas feitas aqui à prática da avaliação em *projetos especiais de educação* (educação de adultos, educação popular, educação comunitária, educação em projetos de desenvolvimento rural integrado etc.) não se dirigem especialmente a alguns casos específicos. Guardadas as proporções e respeitadas as diferenças, acredito que problemas sociais, políticos e até pedagógicos que envolvem a relação *avaliação-participação* são comuns tanto à direita quanto à esquerda de um suposto tipo de "programa de educação" que porventura pudesse ser tomado como modelo.

Entre todos os exemplos de projetos e programas que estamos *avaliando* aqui, desde o ponto de vista de suas estratégias de *avaliação*, as reflexões feitas neste documento são mais pertinentes àqueles que: a) estão subordinados a instâncias de poder (oficial ou civil) separadas ou distantes organicamente dos espaços técnicos de sua programação e dos espaços pedagógicos de sua realização concreta; b) dependem de decisões e recursos sobre os quais os profissionais de trabalho direto e a clientela beneficiada possuem pouco, ou mesmo nenhum poder de barganha; c) ensaiam estratégias de *participação popular* sem condições concretas de torná-las substantivas, no sentido em que procuro qualificá-las adiante.

2. AVALIAR A AVALIAÇÃO

Há uma incômoda constante que ao longo dos anos atravessa seminários internacionais ou latino-americanos como este. Sempre os relatórios de *programas, experiências* e *projetos* de educação especial revelam excelências. "Roupa suja se lava em casa." Por outro lado, sempre os números, quando querem ser honestos, desvelam a verdade de que a distância entre todo o trabalho feito e os resultados obtidos é, em conjunto, muito grande. Décadas de "desenvolvimento de comunidades" não transformaram significativamente a vida de suas populações subalternas; décadas de "campanhas", "movimentos" e outras frentes de luta "contra o analfabetismo" não conseguiram reverter significativamente os seus indicadores brutos, a não ser em casos raros e notáveis, como o acontecimento recente da Nicarágua, cujo depoimento foi apresentado aqui. Para que estas palavras aparentemente acusatórias não ganhem a figura de uma retórica injusta, nada melhor do que sustentá-las com a primeira página do programa de nosso *Seminário Latino-americano de Avaliação de Programas de Educação de Adultos*, a que foi dado o nome de *Referencial Teórico*.

"As três últimas décadas viram o surgimento da idéia de um consenso cada vez maior em torno da importância da inclusão da educação de adultos nas estratégias do desenvolvimento sócio-econômico do Terceiro Mundo.

Os resultados de várias Conferências Internacionais, Encontros e outros eventos sobre o assunto constituíram importantes etapas para a evolução do conceito de Educação de Adultos.

Apesar de todos esses eventos e, sobretudo, dos esforços envidados em prol da Educação de Adultos, a situação atual indica a existência de mais de 800 milhões de analfabetos no mundo. E, o que é mais grave, ainda que a porcentagem da população analfabeta apresente uma redução, o seu número em termos absolutos continua crescendo. Na América Latina a tendência é a mesma. A realização de um Seminário Latino-americano sobre Avaliação de Programas de Educação de Adultos é um marco importante como reflexão e uma necessidade de maior aprofundamento e estudo sobre a questão do analfabetismo no mundo."

Tomemos esta confissão como ponto de partida e, de fora para dentro — do que é questão de poder e estratégia, para o que é questão de método e educação —, procuremos buscar, no exercício rotineiro da avaliação de programas especiais, algumas possíveis contradições do que ali se *faz*, do que ali se *diz* que faz, ou do que ali se *pensa* que se *faz*.

Pequenas avaliações — as que professores e monitores fazem mensalmente, por exemplo — ou grandes avaliações são ritos rotineiros de fim de período. O seu uso tem sido crescente de alguns anos para cá e, pelo menos nos últimos dez, tem ensaiado aqui e ali "modelos participantes". Ora, negando-se como um rito definido antecedentemente, onde a estrutura significante dos resultados a serem obtidos, a lógica de suas discussões e os seus usos políticos e pedagógicos estão em geral pré-determinados, a *avaliação* pretende apresentar-se como um momento de prática regido pela mesma racionalidade inquestionável que, de resto, domina outros momentos do trabalho pedagógico, como os de seu planejamento e sua realização "no campo".

Sobretudo entre programas especiais de educação e/ou escolarização popular — um trabalho profissional ou militante realizado por agentes de uma classe junto/com ou sobre sujeitos de outras — a avaliação se *apresenta* como um meio direto de aferição do significado, do sentido e dos efeitos do trabalho realizado, e se *realiza* como um meio direto e não-confessado de *controle* e *legitimação*. De uma determinada instância que possui o *poder de avaliar* um programa, para baixo, em direção a instâncias profissionais ou voluntárias de execução das práticas do programa, a avaliação é, na verdade, uma supervisão sistemática que, por sua vez, cumpre a função de tornar legítima e efetiva a ordem hierárquica do trabalho. Em direção oposta, da mesma instância de *poder de avaliar*, para cima, onde avaliadores externos ao programa muitas vezes exercerão sobre ele o seu controle, ela é um instrumento de justificação legitimadora da "política do programa", de seus resultados e da necessidade de sua continuidade ou ampliação. Neste sentido, não raro uma avaliação, que a retórica oficial dos relatórios retrabalha inteligentemente, é um importante instrumento de barganha.

Temos então o seguinte: quando um programa especial de educação é dirigido a sujeitos, grupos e comunidades populares, proclama-se — inclusive para eles — que o principal objetivo do *momento da avaliação* é a coleta sistemática de dados a respeito da qualidade da prática, e do significado e alcance dos seus benefícios junto àqueles a quem o trabalho do programa se destina. Assim, um programa ou uma experiência de alfabetização de adultos são avaliados para que seus alunos, seus grupos de referência e, no limite, a sua comunidade, sejam melhor beneficiados. No entanto, são raras as provas de que mudanças significativas no método de trabalho, ou nas alternativas de "participação da comunidade", sejam o resultado direto ou indireto de avaliações periódicas. Os sujeitos do programa de educação são avaliados para que o programa se avalie (quantos foram matriculados? qual o índice de evasão? e o de aproveitamento? qual a qualidade do aprendizado realizado? em que proporção o que foi aprendido transferiu-se para outras práticas de vida dos alunos? em que ela sofreu alguma modificação relevante?), mas é raro que sejam eles os beneficiários das decisões tomadas por causa das evidências da avaliação.

O *programa* sim, independentemente do que possa render em termos de melhoria "para os alunos", "para a comunidade", é aquele a quem se dirige o benefício da avaliação, independentemente também, muitas vezes, de quais sejam os seus resultados. A sua periodicidade e mais o fato de que seja sempre realizada, como um rito que se cumpre na rotina da racionalidade do "programa", servem para manter a casa em ordem. Uma prestação de contas rotineira dos que "trabalham nas bases" (relatórios periódicos, preenchimento de fichas, de questionários etc.); uma prestação mais elaborada de contas dos quadros intermediários, acompanhada de reuniões de "supervisão" e/ou de "avaliação", serve para que todos, do *monitor* ao *coordenador* (mais o "local" do que o "regional", mais o "regional" do que o "nacional"), estejam sendo objetivamente controlados e se sintam subjetivamente controlados. Uma retórica de participação ou o recurso a sistemas de estímulo e premiação aos que obtêm os melhores resultados (o que em alguns países socialistas é uma verdadeira obsessão coletiva que a lógica da "produção" consagra e sacraliza) não dissolvem a realidade de que preservar uma hierarquia funcional *funcionando* e gerar a imagem de que, por isso mesmo, o programa é necessário, válido e eficiente, é o que justifica o esforço gasto na avaliação.

Tão importante quanto o seu *poder de controle* é o *poder de barganha,* que a produção trabalhada dos dados da avaliação (a que normalmente se dá o nome de "relatório") manipula, seja para disputar entre outras *agências* os minguados recursos de algum ministério, seja para concorrer com outros *movimentos* às verbas de instituições internacionais, com que países desenvolvidos "lavam a alma" diante dos do Terceiro Mundo. Programas de educação não-formal que, em alguns casos, precisam *antes* se demonstrarem necessários e, *depois,* eficientes.

Dissolver mecanismos desistimulantes de controle hierárquico em processos metodológicos aparentemente mais neutros e participantes, assim como combinar dados e razões de estilo que tornem um programa de educação fundamentalmente legítimo e comprovadamente eficaz, são motivos mais importantes para a realização de avaliação do que a produção de material crítico para reordenar as coordenadas do trabalho educativo. Na verdade, não são muitos os casos em que um pensar crítico, ainda mais quando com a participação substantiva de representantes "da comunidade", tenha algum peso na tomada de decisões sobre a política e a trajetória de programas especiais. Uma muito estranha disjunção parece ser mais usual: a) em uma direção, a análise crítica do sentido e dos efeitos de experiências educativas realiza-se, entre profissionais conseqüentes, tanto à margem da rotina da avaliação formal quanto fora dos momentos oficiais de planejamento; b) em outra direção, modificações substanciais na direção e nas alternativas metodológicas de programas de educação dependem de momentos — não raro de impulsos — individuais e/ou coletivos de sujeitos e grupos alçados a esferas do poder decisório.

Mesmo quando criteriosamente realizado, do ponto de vista de uma metodologia adotada, o produto final de uma avaliação competente não altera coisa alguma, ou altera apenas aspectos secundários da rotina das práticas pedagógicas agenciadas. Ativado através de sua simples reprodução, o mecanismo de regulação das relações hierárquicas, cujos pólos críticos são: a confraria restrita de *poder sem saber* X o corpo técnico intermediário de *saber sem poder* X os sujeitos e grupos de base, co-realizadores de um trabalho que *fazem sem participar* ou que *participam sem decidir;* obtidos os proveitos de justificação legitimadora da instituição e de seu cotidiano de trabalho, a avaliação é absorvida pela rotina burocratizante que é a garantia da própria realização do trabalho pedagógico costumeiro.

Conhecemos todos seguidas evidências de que uma súbita mudança de diretoria ou coordenação da agência de que o programa de educação é parte, ou então as descobertas e resoluções tomadas por efeito de argumentos políticos e/ou técnicos, possuem maior força modificadora de propostas, direções e estratégias de prática pedagógica, do que o trabalho sistemático das avaliações de tal prática. Essa relação, às avessas, pode ser alterada quando a avaliação é, em um momento, um ato da vontade da confraria do poder do programa que, a priori, a constitui como um fator de peso: a) nas decisões a serem tomadas, quando o pólo decisório subordina a lógica do trabalho profissional à das resoluções de "política de ação"; b) nas decisões já definidas a priori, independentemente dos resultados técnicos da avaliação, quando o pólo de poder se acostuma a subordinar à sua vontade política o produto técnico do trabalho profissional.

Em direção oposta, fora casos de notável exceção, o poder transformador de uma avaliação é muito pequeno, quando é uma iniciativa ou uma exigência dos executores diretos do programa (professores, supervisores de campo, monitores) ou daqueles a quem ele se destina (alunos, grupos da comunidade local). O poder do uso adequado e honesto da avaliação exigida "pelas bases" aumenta quando: a) a própria continuidade do trabalho local depende da vontade individual e/ou coletiva dos seus agentes (alunos e monitores); b) as instâncias de decisão sobre rumos e estratégias do trabalho educativo são sensíveis aos "interesses e motivações da base" ou, no limite, fazem de suas decisões coletivas um ponto substantivo de partida para a relação planejamento-realização do trabalho-avaliação.

Uma dupla relação determinante das razões fundamentais da sistemática da avaliação: *controle do trabalho educativo + legitimação da entidade de educação,* tende a tornar-se mais aguda quando algumas contradições entre as três esferas de participação (poder sem saber + saber sem poder + trabalho sem poder) nas atividades da experiência atingem índices ameaçadores. Assim, a verificação sistemática de rendimentos, direções de trabalho etc., é ampliada quando há suspeitas de discrepâncias entre o pólo que constitui, controla e usa o trabalho educativo em seu proveito e o pólo que o pensa, realiza e avalia, como uma forma de serviço efetivo em favor dos seus beneficiários. Este é o momento em que uma avaliação política (às vezes uma sindicância sutil) se sobrepõe à avaliação técnica formal, e dá as diretrizes para as ações a serem realizadas.

Por outro lado, avaliações podem ser feitas para ampliar o poder de justificação legitimadora do programa especial, quando há evidências de que a distância entre as metas estabelecidas, o dinheiro gasto e os resultados obtidos não é pequena. Este é o momento em que a principal função de uma avaliação pode ser a articulação inteligente de dados e razões que, associados a uma boa retórica profissional, tudo explicam e tudo justificam.

Ora, um olhar menos estreito sobre o campo social onde se dão as relações de força e de trabalho em um programa educativo, ajuda a compreender que um trabalho duradouro de alfabetização, de extensão agrícola, ou de desenvolvimento rural integrado, por exemplo, é, em todo o tempo, diferencialmente avaliado. Aquilo que profissionalmente se considera como sendo "a avaliação" não é mais do que uma das modalidades de conhecimento da relação trabalho-efeitos da experiência. Não é sequer difícil que esta "a avaliação" seja a menos significativa, embora o poder formal de avaliar possa vir a torná-la a mais significante.

Simplificando muito as alternativas de relações de trocas de conhecimentos de teor avaliativo sobre o trabalho, temos pelo menos as seguintes instâncias e situações:

1ª) *A avaliação comunitária*: aquela que, mais com as atitudes que mobiliza e com a ideologia com que pensa, do que com as "opiniões" que fornece a questionários de pesquisa, pessoas, grupos significativos e unidades amplas de representação da vida comunitária, estabelecem um juízo a respeito de um trabalho de mediação que os atinge. Não raro, a melhor maneira de se saber o que significa um trabalho educativo em uma comunidade rural é procurar compreender por que muitas pessoas não participam dele e por que, entre os que participam, poucos o fazem "como seria desejável".

2ª) *A avaliação orgânica*: aquela que agentes e grupos mobilizados de articulação social e/ou política de setores de classe na comunidade fazem ativamente a respeito do programa de educação. Como se relacionam com ele os grupos e movimentos populares autônomos? Quais as relações estabelecidas entre tais grupos e movimentos, e aqueles que a agência do programa educativo cria, seja para proporcionar à comunidade uma instância a mais de sua própria organização, seja para gerar grupos populares afiliados, capazes de fortalecerem a presença do programa na comunidade e atestarem a sua legitimidade?

3ª) *A avaliação técnica autônoma*: aquela que individualmente (às vezes até para dissertações de mestrado) ou em grupos, pessoas de quadros intermediários realizam por sua própria conta; ou aquela que a própria vivência da prática impõe como atitude, mais do que como técnica. A verdade dos fatos habita os bares depois do expediente.

4ª) *A avaliação técnica e formal*: aquela de que venho falando até aqui. A que se cumpre como rotina da trajetória do trabalho educativo e se define como um momento objetivo da racionalidade do processo.

Fora casos de exceção, na rotina de um programa de educação especial a lógica da crítica opera por um processo de progressiva e seletiva exclusão. De modo geral, *a priori*, só se considera como uma modalidade legítima e digna de consideração, a avaliação técnica formal. As outras, mais espontâneas, menos submissas ao controle de um método científico e, por isso mesmo, não raro mais próximas das verdades que a outra oculta, somente são levadas em conta quando podem ser incorporadas aos termos preestabelecidos pelo *poder de avaliar*, da avaliação formal.

Assim, aquilo a que temos dado o nome de *avaliação participante* pode ser um bom exemplo. Em muitos programas de educação com setores populares, até mesmo o corpo profissional intermediário possui um poder muito relativo de definir, programar, realizar com autonomia e avaliar decisoriamente a sua própria prática pedagógica. Portanto, o poder que tal instância de "saber sem poder" possui para convocar alunos de cursos, representantes da comunidade, ou grupos locais de trabalho social ou político a uma participação substantiva (participar do trabalho, possuindo o poder de co-decidir os seus rumos + participar da avaliação, possuindo o poder de co-decidir as suas mudanças de rumos), é muito pequeno. Assim, uma participação popular, como forma de co-poder sobre um trabalho que atinge setores importantes da vida do povo, torna-se um ritual de participação adjetiva (participar do trabalho sem possuir o poder). Um ritual que, sem dúvida alguma, pode contribuir para ampliar as relações democráticas entre um lado e o outro, mas que muitas vezes serve a outros objetivos. Serve, em primeiro lugar, para a ampliação do âmbito do controle de pessoas e grupos direta ou indiretamente envolvidos "no programa", uma vez que, em tais condições, ser chamado a participar, significa colocar-se, pouco a pouco, no âmbito do ponto de vista e dos interesses do programa na comunidade. Significa o envolvimento — às vezes com uma sutileza notável — com as formas predeterminadas de a agência de educação pensar a comunidade e, não o contrário. Serve, em segundo lugar, para ampliar, para dentro e para fora, o poder simbólico de legitimidade do programa. Afinal, agora tudo é mais "válido e autêntico" porque há mais "pessoas da comunidade participando". Mas quando num ato arbitrário a direção de um programa comunitário decide alterar suas linhas mestras, ou mesmo encerrá-lo, a participação da comunidade facilmente se esquece, porque, na verdade, em momento algum ela foi mais do que uma figura de retórica.

Sem que represente de fato uma forma de poderes locais co-decidirem em todos os níveis sobre as práticas de mediação que os afetam, modelos de participação "a meias" mudam figuras e alteram discursos de relatórios, sem em nada modificarem, em um sentido democratizador, as relações de trabalho/poder/benefício de um programa de educação. Apenas, mais pessoas "da comunidade" participam sem decidir X menos pessoas do *poder da agência* decidem sem participar.

Práticas renovadoras-participativas e aparentemente críticas de planejamento-realização-avaliação têm sido um privilégio de programas especiais de educação. E este é um último aspecto que quero considerar aqui. Um dia será necessário fazermos juntos o inventário das sucessivas e numerosas *experiências pedagógicas* que realizam *programas especiais de educação*. Em boa medida, experiências que deveriam ser um teste efêmero de possibilidades não passam da breve realização de si próprias. Ou seja, pensadas um dia como um criativo sinal de esperança, não ultrapassam a realidade de seu próprio tempo, de sua própria existência, isto é, da experiência de algo que se realizou, sem realizar nada mais do que a própria experiência. Há razões diversas aqui. Porque a possibilidade de transferência da situação experimental (via de regra cumprida sob condições invejáveis, se comparada com a indigência com que se trabalha rotineiramente "fora da experiência") para as condições usuais do trabalho pedagógico são inviáveis. Não é raro que se saiba disto logo de saída. Porque o "programa especial" sempre teve por objetivo apenas o teste de sua própria realidade, como um destes incontáveis experimentos pedagógicos brilhantes, mas inúteis, por isso mesmo. Porque o programa educativo foi conseqüente e, de fato, testou limites possíveis e generalizáveis de um trabalho pedagógico eficaz, com uma crescente participação popular substantiva. Razão bastante para que seja "desativado" sem alarde por alguma instância de "poder sem saber", para quem "participação popular é bom", mas "com rédeas curtas".

O fato de que por uma razão ou por outras o teste da excelência pedagógica seja feito dentro de experiências de exceção, em programas especiais, gera uma contradição pitoresca, se as suas relações não fossem dramáticas. Dadas as condições atuais do exercício do trabalho profissional na educação — nas escolas de primeiro grau em zona rural, por exemplo —, não é difícil supor que, quanto mais excelente for uma experiência educativa realizada em condições especiais tanto maior a sua ineficácia, ou seja, tanto mais remota a sua possibilidade de transitar entre a *realidade da experiência* e a *experiência da realidade.*

Diante das condições deploráveis e da evidente deteriorização das alternativas rotineiras de trabalho do "educador não-especial", a resposta freqüente de setores do governo, bem como a de alguns setores da sociedade civil, tem sido a multiplicação de "programas especiais". Programas para os quais são carreados os melhores recursos, as verbas menos ralas e a propaganda mais interessada. Em cada Estado da Federação, uma população de professores de 1.º grau trabalha com a sucata do sistema, enquanto dois ou três municípios felizardos (por um par de anos, não mais) vivem a glória efêmera de um "programa de educação integrada". Assim, a própria concentração de atenções, verbas, interesses, estratégias democratizantes e participativas em alguns programas especiais, em que se testa a *experiência* do que um dia deveria ser *a educação,* ajuda a ocultar a miséria da rotina do exercício do trabalho do educador excluído e, assim, multiplica a mentira a respeito do estado atual da educação que, justamente por não ser "especial" é a verdadeira e que, justamente por não possuir estruturalmente condições de ser *participante,* é aquela que maciça e verdadeiramente *participa* das condições reais do trabalho do educador no Brasil.

Eis o que precisa ser avaliado e repensado, não para que se extingam programas especiais e experiências pedagógicas necessárias. Mas para que se evite fazer delas a própria negação do que deveriam ser. Programas que atestam, na aparência forçada de sua excelência, a evidência real de sua inutilidade.

O que fazer com o Povo?

publicado em O FOLHETIM, da Folha de S. Paulo de 4 de outubro de 1981.

CONDEGA HONRA A SUS
HEROES ALFABETIZADOR
TERRITORIO VICTORIOSO DE ANALFABETISMO

O educador nem sempre sabe, nem sempre diz, mas toda a noite ele sonha o desejo de fazer do *outro, ele.* De fazê-lo tornar-se próximo de ser como ele próprio e habitar, ainda que abaixo dele, o seu modo de vida e a sua cultura. De moldá-lo, como um pequeno deus terreno do cotidiano, à sua imagem e semelhança. Portanto, o melhor aluno é aquele em quem o mestre melhor se vê refletido no espelho do outro transformado pela educação. Ainda bem que isso nem sempre funciona, porque até hoje sempre foi pequeno o poder de magia desse deus de escola. O que fazer com o "outro"? O que fazer *com* o povo?

Na aurora da década dos anos 60 os movimentos de *educação* e *cultura popular* tinham pela frente algumas mesmas questões com que nos encontramos 20 anos depois. Ontem como hoje as respostas eram várias, teóricas, mais do que saídas de um pensar da prática, e nunca serviam inteiramente ao tamanho do problema: "afinal, o que fazer com o povo?". Em que transformá-lo e a sua cultura? Como classificá-lo segundo os nossos critérios, para depois modificá-lo de acordo com os nossos projetos? Pior, como fazer com que tudo isso não fosse um trabalho colonizador "de esquerda", onde a fala nega o ato e a retórica dos documentos de encontros e seminários comprova que, afinal, foi descoberta a maneira de lidar com o povo sem invadi-lo? De educá-lo de dentro para fora, sem que, portanto, ao conscientizar-se e tornar-se organicamente político, ele não incorpore à sua vida e à sua nova prática os nossos vícios de mediadores burgueses? Tais eram as questões. Tais são.

Nos vários movimentos de cultura popular dos anos 60, a idéia comum era a de um trabalho pedagógico sobre a *cultura popular* (a do povo) através de uma prática política de *Cultura Popular* (a do agente *mediador*). Esta prática tomava, no concreto, o caminho de um trabalho mais *artístico* (teatro popular, cinema para o povo, praças de cultura etc.) como no caso do *Centro de Cultura Popular*, da UNE e de alguns *Movimentos de Cultura Popular;* ou o de um trabalho mais diretamente escolar, como no caso do *Movimento de Educação de Base*, da *Campanha de Pé no Chão também se Aprende a Ler* e alguns outros. Com o passar do tempo as experiências de Cultura Popular mais duradouras, como as do MEB, procuraram unir uma coisa à outra, sair das portas da "escola radiofônica", ou do "círculo de cultura", e agir com/sobre classe e comunidades populares diretamente através de suas culturas.

Em alguns documentos do período, a *cultura* — essencialmente o produto do fazer coletivo e consciente do homem ao transformar, com o trabalho, um mundo de natureza em um mundo socialmente humano — recebia vários qualificativos de crítica e qualificadores de ação *sobre*. Assim, dentro de uma "sociedade de classes" a cultura, originalmente *universal*, era compreendida como polarizada e, portanto, dividida entre domínios antagônicos de produção, significação e uso. Há uma *cultura dominante*, que é a dos senhores da terra e do poder, de que a ideologia dominante é parte. Há uma *cultura dominada*, que é a dos oprimidos, subalternos, classes populares. Uma e outra eram culturas *alienadas*, cada uma a seu modo. A cultura *popular* era duplamente *alienada;* primeiro por refletir indevidamente o mundo através de símbolos e significados inadequados, por serem os de uma *cultura* que, como um todo, apenas refletia a do dominador. Segundo por pensar a sua própria condição de classe através dos olhos e da lógica da cultura *dominante*. Além de dançar mal, o servo dançava no chão da roça com o ritmo da música do salão do senhor.

Desalienar a cultura era parte do projeto da *Cultura Popular* (com maiúsculas). Torná-la de novo *universal* (a produção de bens, trocas e símbolos que refletissem um mundo de novo solidário) era outra parte. Fazer com que a cultura *nacional* (o modo propriamente *brasileiro* do universal) fosse uma *cultura popular* colocada como poder simbólico da tomada real do poder pelo povo, era a parte mais avançada dos projetos de então.

Em um livro que marcou muito o começo dos anos 60 — *A Questão da Cultura Popular* — Carlos Estevam Martins critica o que havia de alienante no que chamou de *cultura desalienada*. Ela era a produção erudita do intelectual crítico e militante, mas ingênuo, que se armava de um combate "no plano da cultura" contra a cultura alienada e dominante que encontrava: na arte, na ciência e na educação, por exemplo. Não era essa tarefa cultureira a da *Cultura Popular*. Tratava-se de agir politicamente sobre a cultura e, não, culturalmente sobre a política. Partir dos dados reais da vida, do nível de organização de classe e dos "valores" da própria cultura popular e realizar um trabalho de conscientização e politização de seus sujeitos produtores, através das intervenções pedagógicas da *Cultura Popular*. Colocar este projeto fora dos limites da simples "melhoria da produção cultural do povo" (como se criticava que era feito até então) e dentro da idéia de que a transformação da leitura de mundo da cultura dos subalternos deveria servir a uma prática política cujo horizonte era, no mínimo, a conquista de novas formas orgânicas de mobilização e, no máximo, a tomada revolucionária do poder. Do poder das classes populares e de sua cultura.[1]

Vinte anos depois, Marilena Chauí estranha o jogo de expressões: *cultura popular* X *cultura do povo*. Prefere a segunda expressão, que livra a idéia de um adjetivo dúbio e lembra que, de qualquer maneira, a oposição entre ambas e uma *cultura dominante* emerge do pressuposto da divisão social do trabalho e da luta de classes (A Cultura do Povo, 1979:120).

Mas as pessoas que se reuniram em Berlim para um seminário sobre "meios informais de educação e cultura popular" pensam diferente e é às suas idéias, consensuais no *Encontro*, que eu quero fazer referência.

Ali se reconhece que na *cultura das classes populares* existe uma *cultura do povo* e uma *cultura popular*. A primeira é o que há de *folclórico* no pensar, sentir e criar dos

1. Osmar FÁVERO, hoje um dos professores do IESAE, da Fundação Getúlio Vargas e, no passado, um dos coordenadores do MEB em seus melhores tempos, editou uma coletânea de textos que ajudaram a constituir, entre 1960 e 1965, a teoria e a prática da *educação popular* e da *cultura popular*. Ali estão os documentos mais importantes e, do mesmo modo, mais variados do período. O livro é: *Cultura Popular e Educação Popular — memória dos anos 60*. Edições GRAAL.

subalternos. É propriamente a lógica do dominante através dos símbolos do dominado. De certo modo, é a presença do *outro* invasor da cultura do *eu*. É, portanto, o que não é próprio do modo de vida e da condição de classe das classes populares e, finalmente, é o que existe de alienado na *cultura popular*, porque esta é justamente o que existe de lógica e de símbolos próprios dos subalternos na sua cultura. É o que reflete o espaço (pequeno às vezes, mas organicamente *próprio*) de um trabalho político das classes populares.

A *cultura do povo* e a *cultura popular* estão mescladas, misturadas na produção simbólica do povo e, entre opostos de lógica e representação do mundo, refletem embaralhadamente o ponto de vista da prática de classe do servo contra o senhor X o ponto de vista do domínio da lógica do senhor sobre o servo fiel. E qual é, então, a tarefa do educador popular, de um tipo de profissional que, supõe-se por consenso, submete o dado da profissão ao de uma militância? Um tipo de mediador entre classes cujo trabalho passa essencialmente por uma mediação entre culturas? Algumas respostas são também aparentemente consensuais. É agir pedagogicamente junto a grupos, comunidades e movimentos populares de modo a participar, com eles, do trabalho de refletir e fortalecer teoricamente a sua prática popular. Fazer isto através de *pensar junto*, com os aportes de sua cultura (de sua ciência) a partir dos dados de uma cultura que o povo "tem" e que a sua prática política constrói. Assim, a partir do que "nasce da prática", explicitar o que é propriamente popular na cultura do povo. Isto não significa tornar "político" o que é "folclórico".

Os valores de uma suposta *conscientização* não são trazidos "de fora", porque estão dentro dos modos e valores de uma cultura com que operários, camponeses, empregadas domésticas e índios vivem o seu cotidiano. Estão dentro de uma *cultura popular* e, para usar os termos de 1962, é tarefa de uma *Cultura Popular* torná-los explícitos. Recuperemos os passos. Torná-los explícitos para o povo: 1.º) não apenas a partir de uma "reflexão crítica dos valores do povo", antecedentes à sua prática e preparatória "para ela", mas a partir desta própria prática, no momento e no interior das condições em que ela se realiza — uma prática orgânica de classe que existe tanto em um *clube de mães de periferia* quanto em um *núcleo local do PT;* 2.º) acrescentando, nos instantes devidos, as informações culturais e as articulações de explicações culturais que o povo não possui ainda como um saber e que, num momento, tornam-se fundamentais para o encaminhamento do seu fazer. Isto significa fortalecer não apenas um trabalho organizado, enquanto ação, mas a lógica e o repertório de conhecimentos que, pouco a pouco, passam de uma *cultura do povo* a uma *cultura de classe.*

Alfabetizar seringueiros do vale do rio Xapuri, no Acre, quando a luta que travam contra seringalistas e compradores de borracha exige saber ler-escrever-e-contar, como fazem "as pessoas da cidade", é um ato de educação popular. Refletir com lavradores em luta por suas terras, na região da represa de Itaipu, fortalecendo a discussão com análises sociológicas e políticas, é um outro.[2]

2. A parte final deste texto foi revista e ampliada.

Os Caminhos Cruzados

anotações sobre formas de pensar e realizar a educação na América Latina

para Felix Cádena, mexicano. 15 minutos de conversa com ele corrigiram vários absurdos da primeira versão deste texto. Outros sobreviveram.

anotações provisórias escritas para a Consulta Técnica Regional sobre Educação de Adultos preparatória para a Conferência Interamericana de Educação de Adultos.

Havana — setembro de 1983.

Publicado na Revista de Educação de Adultos, vol. 2, n.º 2, México, 1984. Publicado em síntese em La educación de adultos en América Latina y el Caribe, Unesco/Oreall, Santiago, 1984.

1. SOBRE ALGUNS NOMES E SILÊNCIOS

Já que o título anteriormente proposto para o meu documento de nossa reunião reúne dois nomes que, associados à palavra *educação*, teimamos hoje em dia em separar: *popular* e *de adultos*, quero correr o risco de ampliar o que foi sugerido e falar aqui a respeito daquilo que possivelmente não é esperado. Quero falar aqui sobre relações que têm estado em áreas de sombra em nossas discussões no continente. Quero falar sobre silêncios que andam habitando relatórios de experiências e escritos de teoria e, assim, retomo os mesmos dados, as mesmas definições, para propor maneiras diferentes de refletir sobre o que anda acontecendo com as diversas idéias, propostas e práticas de educação com as classes populares na América Latina.

Não é justo negar a contribuição inestimável dos estudos sobre o assunto entre nós durante os últimos anos da década passada e os primeiros dos anos 80. No entanto, é necessário reconhecer que o avanço no pensar este território de trabalho, que parece ter o portão de entrada na *educação de adultos* e o horizonte nos frutos da *educação popular*, tem sido realizado através de uma repetição de idéias que nem sempre conseguem acompanhar a própria dinâmica daquilo que desejam descrever e explicar. Dou um exemplo. Quase sempre os nossos escritos de avaliação e crítica repetem, como o missal de um rito, uma mesma ordem de explicações. A partir da análise de uma conjuntura nacional ou continental de trabalho pedagógico, ou a partir da escolha de um modelo visto como emergente, uma tipologia lógica ou histórica de tipos, modelos ou paradigmas é desenhada, de modo a separar diferenças e tornar legítima a proposta de "uma educação" nova ou renovadora. Desejando ser objetivamente científica, a demonstração acaba sendo militantemente profética. Poderia ser de outra maneira?

Ora, no *cânon* desses breviários de nossos ritos de educadores há, por exemplo, um conjunto de idéias consensuais que envelhecem entre nós. Com pequenas variações de nomes e ritmos, faz alguns anos que proclamamos que existe um paradigma de educação que oscila entre a ingênua boa intenção que conferências internacionais, como esta que ajudamos a preparar, consagram, e a desbragada má fé com que algumas agências nacionais as realizam. Sabemos que suas formas interligadas ou sucessivas de *educação de adultos, educação fundamental, educação não-formal,* acabam realizando pedagogicamente o que temos politicamente por costume denunciar como formas de educação *bancária, dominante* ou *opressora;* na melhor hipótese, uma *educação compensatória.*

Em contrapartida, temos proclamado também a existência alternativa de um modelo que, em diferentes contextos limitados de realização do trabalho pedagógico, tem gerado inúmeras possibilidades reais de uma prática educativa *com o* povo; uma educação que quer ser autônoma e produtora de autonomia de classe, dialogal, comprometida, participante, crítica, conscientizadora, livre e libertadora. A ela temos dado o nome de *educação popular* e, não raro, o título de *educação libertadora.*

Pretendo deixar de lado o exercício de criar uma nova tipologia e, por um momento, desejo compreender de que modo constituem-se as diferenças que nos permitem pensar um tipo de educação como uma variedade diferenciada de *tipos* de educação, exercidos em um mesmo domínio de práticas sociais: as do trabalho educativo com setores populares. Já que a cada encontro continental reforçamos coletivamente as nossas suspeitas sobre as relações capitalistas que governam nossas nações, e sobre os seus múltiplos efeitos no trabalho do educador, prefiro deixar de lado algumas amplas categorias de explicação do que acontece e olhar para aquelas que ocorrem no interior do campo específico de nossa própria prática. E, dado que dentro dele estamos aqui em intimidade, ao invés de pedir que desfilem com as roupas do ofício as diferentes formas de educação que nos reúnem nestes dias, quero desvesti-las e ver como os seus corpos ora se estreitam, ora se chocam.

Em um primeiro momento defendo a idéia de que a *educação de adultos*, ao emergir e se estabelecer no continente, nada inova de fato. Ela apenas rotiniza e torna institucionais práticas antecedentes que pôde aproveitar, ou que recriou, das que, adversárias, ajudou a enterrar. Em um segundo momento, descrevo sem muitos dados como, à direita e à esquerda da *instituição* em que a educação de adultos se tornou, surgiram modelos alternativos para reverter a educação a uma perdida dimensão, fazendo-a retornar a uma condição de *movimento pedagógico*, com as suas conseqüências práticas e políticas. Este será o lugar para opor inicialmente uma *educação permanente* a uma antecedente *educação de adultos*, para depois opor a primeira à *educação popular*. Em um terceiro momento reflito sobre uma questão mais difícil, por ser mais contemporânea. Procuro compreender como, hoje em dia, há em processo projetos diferentes e não raro antagônicos de educação. Considero como se articulam e diferenciam modelos atuais de educação, de tal sorte que, sob a aparência de uma oposição binária: *popular* X *de adultos*, há um novo elemento que obriga quase todas as tipologias escritas sobre o assunto a trabalharem sobre três modelos, ou sobre cinco que se reduzem a três.

Finalmente, em um último momento, abandono a análise restrita de oposições e diferenças para pensar certos princípios operativos de suas próprias existências. Reflito questões sobre como, no interior de *um campo político de relações pedagógicas*, configura-se socialmente o lugar de um trabalho educativo. Como ele se configura através de trocas de alianças, oposições, concorrências, conflitos, apropriações e expropriações entre movimentos e instituições; entre grupos e entidades; entre diferentes setores de origens, de idéias e ofícios.

Conhecemos os nomes, as metas, os números de relatórios e as diferenças que existem *nos* e *entre os* modelos de educação de/com o povo, que nos reúnem aqui. Saibamos começar a compreender e aprofundar coletivamente o conhecimento dos modos como funciona o *lugar social* onde eles estão.[1]

1. Peço a tolerância de todos para um possível abuso de exemplificação com casos de meu país. Procuro corrigir isto com o uso dife-

2. A DIMENSÃO UNITÁRIA: A EDUCAÇÃO DE ADULTOS

Quando alguns anos depois da II Guerra Mundial, as palavras *"educação" "de adultos"* chegaram do exterior à América Latina, elas quiseram de início traduzir o começo de novos tempos. Diante da evidência de grandes contingentes de analfabetos ou defasados escolares, e diante da suspeita de que seria justa e até mesmo produtiva a participação de sujeitos, grupos e comunidades marginalizadas nos processos sociais e econômicos do "desenvolvimento", que, entre outras, resolveria a equação de suas próprias "marginalidades", surgiram e se disseminaram propostas de uma educação dirigida preferencialmente a pessoas pobres e adultas, cujas biografias incluíam no curriculum carências escolares profundas.

Consagrada em conferências internacionais periódicas, isto que veio a se chamar *educação de adultos* em um primeiro momento pareceu: 1º. constituir-se como uma experiência e um modelo pioneiro de ampla extensão dos benefícios da educação aos setores populares da sociedade; 2º. conduzir para o terreno da educação a viabilidade do exercício sistemático de ações de "promoção humana", que outros domínios de práticas sociais procuravam igualmente realizar (saúde e alimentação, habitação, lazer, trabalho e comunicação); 3º. integrar, pela primeira vez, os efeitos da educação ao trabalho organizado, motivado e coletivo (e comunitário) do sujeito educado em atividades de desenvolvimento: "de comunidade", "regional", "rural integrado" etc.

Os alunos do 1º ano das escolas de Serviço Social aprendem que o seu ofício ao longo da história passou, de uma dimensão de "caso" para uma de "grupo" e, desta, para uma de "comunidade", o que equivale à passagem de operações profissionais "de assistência social" para as de "promoção social" e, daí, para as de "trabalho social". De Elsinor para Montreal e daí para Tóquio, a educação de adultos pretende haver realizado avanços equivalentes, deslocando-se de uma dimensão de integração do indivíduo na sociedade, a uma dimensão de integração de comunidades na vida nacional, através da promoção dos seus indivíduos educados e, final-

---

renciado de documentos procedentes de várias outras origens continentais. Por outro lado, evito descrever aqui longamente tipos de experiência de educação popular. Estimo que outros documentos terão feito isto exemplarmente.

mente, a uma dimensão de participação de indivíduos educados em comunidades promovidas, nas esferas mais amplas de um desenvolvimento nacional.[2]

Poucos anos de exercício da educação de adultos no continente permitiram, por exemplo, a Pierre Furter, reconhecer as seguintes etapas de prioridades da educação dirigida a setores populares: 1ª. luta contra o analfabetismo; 2ª. recuperação escolar; 3ª. promoção da vida social e cultural; 4ª. formação política; 5ª. aperfeiçoamento profissional; 6ª. um trabalho educativo dentro de "perspectivas atuais de desenvolvimento cultural".[3]

Documentos de agências de educação de adultos tendem a representá-la como uma iniciativa emergente de caráter universalizante, que assume rumos e feições próprias em cada um dos mundos sociais que habita. Alguns estudos recentes corrigem esta idéia. Na realidade, sob a aparência de um tipo de amplo movimento pedagógico renovador, estamos frente a um processo sistemático de centralização de poderes e de burocratização de processos de educação *das* e *com as* camadas populares. Supondo, como a memória do colonizador costuma fazer, que emerge sobre um campo vazio de idéias e práticas e aí instaura algo novo, as primeiras agências de educação de adultos sucedem ou ocupam espaços anteriores de trabalhos educativos e de trabalhos políticos, através da educação, de uma grande importância. Primeiro. As iniciativas de criação de escolas alternativas de cunho classista, para crianças, jovens e adultos trabalhadores urbanos. Tais experiências de escolas de trabalhadores, criadas e gerenciadas por trabalhadores, surgem no bojo do trabalho político e social de grupos de militância socialista e/ou anarquista, principalmente nos países que conheceram, como o Brasil e a Argentina, um início de industrialização no começo do século, acompanhada da chegada de grandes levas de trabalhadores migrantes da Europa. A tais iniciativas populares de uma educação escolar, podem ser somadas as experiências pioneiras de educação sindical e os processos

---

2. Ver, por exemplo, em Pierre FURTER: "Educação de Adultos e Educação Extra-Escolar nas Perspectivas da Educação Permanente", in: *Revista Brasileira de Estudos Pedagógicos*, vol. 59, n.º 131, jul./set. 73, pp. 413 e 414.

3. Remeto o leitor uma vez mais a Pierre FURTER: "Da Luta Contra o Analfabetismo ao Desenvolvimento Cultural", in: *Educação Permanente e Desenvolvimento Cultural*, VOZES, Petrópolis, 1974.

sistemáticos de formação de quadros de militantes operários. Tais primeiras experiências de "educação dirigida aos setores populares" — fora os trabalhos de evangelização-educação da Igreja Católica e o trabalho de outras agências de mediação, desde o período das colônias — representaram um passo pioneiro no trabalho político de tornar organicamente *do povo* práticas tradicionais de reprodução do *saber popular*, e de apropriação *pelo povo* do saber erudito tradicionalmente usado para o seu controle.[4]

Segundo. A atividade desenvolvida por intelectuais e educadores em nome da escola pública. Esta foi a luta em favor de uma democratização liberal da educação e dos modos de participação do cidadão na vida nacional, através da educação, através de acesso ao ensino escolar. Uma proposta associada à esperança de que a distribuição igualitária do saber erudito propicie uma correção na desigualdade de relações de trocas de bens e poder existentes nos outros setores da vida social. Não devemos nos esquecer de que, no bojo de tal luta, que atravessou o continente entre fins do século passado e o começo deste, foi onde pela primeira vez se usou de modo sistemático e militante a expressão: *educação popular*.[5]

Terceiro. O trabalho desenvolvido por inúmeras experiências locais, regionais e nacionais de "erradicação do analfabetismo". Tais experiências, quase sempre de duração limitada, foram executadas inicialmente por grupos da sociedade civil, em alguns lugares, organizadas em *movimentos* ou *campanhas* de alfabetização.

Diferentes que sejam a origem de classe e o destino político de uma das três direções pioneiras de trabalho pedagógico *das*, ou *para as* classes populares no continente, há pelo menos um indicador importante que as torna equivalentes. Todas elas são repertórios de idéias, propostas e prá-

---

4. Em um amplo estudo de avaliação de experiência de educação popular na América Latina, Juan Eduardo GARCIA Huidobro lembra que, no interior das organizações pioneiras do movimento operário, houve "um conjunto rico de experiências de educação popular". *Aportes para el Análisis de la Sistematización de Experiências No-formales de Educación de Adultos*, UNESCO, Santiago, 1981, p. 15.

5. Assim, em Juan MANTOVANI: *La Educación Popular en America*, Ed. Nova, Buenos Aires, 1958, p. 32 a 50; Vanilda PAIVA: *Educação Popular e Educação de Adultos*, Ed. Loyola, São Paulo, 1973, cap. 2; Celso de Rui BEISIGEL: *Estado e Educação Popular*, Ed. Pioneira, São Paulo, 1974, cap. 2.

ticas originadas e conduzidas por *movimentos de educação*. Ou então são a *dimensão educativa* de movimentos sociais e/ou políticos das 4 primeiras décadas do século XX na América Latina.

As escolas partidárias e as experiências de educação anarquista dos anos 20 no Brasil, por exemplo, são frações do trabalho político de grupos de militantes e partidos de militância operária. Surgem como experiências de difícil realização e, durante algum tempo, buscam realizar a sua multiplicação como o lugar político de articulação da possibilidade imaginada de uma "outra educação" — oposta à educação escolar capitalista — criadora de um "homem novo". Nem mesmo a rotina a que a escola obriga, ocultava ali um estado de luta e militância de que a educação se investia.[6]

Situada em boa medida fora das lutas populares do começo do século, ainda que em alguns momentos se aproximassem educadores burgueses e líderes sindicais, a luta dos intelectuais liberais pela "popularização" da educação, através da constituição da *escola pública* possui a mesma figura de um intenso movimento contra a ordem de um sistema de educação instituído e tido por institucionalmente legítimo. Este é o trabalho realizado, seja por educadores puros, seja por militantes políticos de grupos, partidos e movimentos de contestação simbólica e política da ordem social estabelecida. Não se faz, e isto é muito importante, uma simples proposta de oferta de educação gratuita sob cuidados do estado. O que se propõe é toda uma re-significação do ato de educar e do lugar social da educação, como um

---

6. Um documento do tempo. "Aviso — *União dos Operários Estivadores*. Trabalhadores! A União dos Operários Estivadores, convencendo-se da necessidade de propagar a instrução e a educação entre os trabalhadores, resolveu convidar os conhecidos militantes operários Domingos Passos e Henrique Ferreira, a realizarem duas conferências no dia 5 do corrente (março de 1923) — segunda-feira, às 7 horas da noite, em nossa sede. Domingos Passos falará sobre a Instrução e Educação, Henrique Ferreira sobre A Mulher e a Emancipação Social. Para esta importante reunião convidamos o povo em geral e particularmente os operários organizados de Paranaguá a virem acompanhados de suas famílias. Para a *Educação*, para a *Emancipação* e para a *Instrução* devemos arrastar a nossa família; que as nossas irmãs, as nossas companheiras e as nossas filhas saibam como se devam conduzir para serem as educadoras da sociedade futura." Miriam L. MOREIRA LEITE: "Quem Foi Maria Lacerda de Moura?" in: *Educação e Sociedade*, nº 2, jan. 1979. p. 15.

meio fundamental de produção da cidadania e, através dela, da nação democrática, segundo moldes liberais.

Sem a mesma intensidade de militância dos casos anteriores e sem a mesma efusão de símbolos e idéias libertários, os primeiros movimentos e as primeiras campanhas de "erradicação do analfabetismo" não deixaram de tomar a mesma figura de uma mobilização alternativa do trabalho institucional e rotineiro da educação escolar estabelecida. Vejamos bem. Desde o início da colonização no continente, há uma sucessão de trabalhos de evangelização de "pobres, índios e pretos". Mas há um momento posterior em que, sobretudo sob governos emancipatórios e/ou nacional-populistas e, sobretudo em períodos de industrialização-urbanização, a tarefa de alfabetizar "em massa" surge como emergência social e gera inicialmente campanhas, movimentos e até "bandeiras". Títulos brasileiros antigos quiseram traduzir este outro estado de mobilização social através do trabalho educativo: *Campanha Nacional de Erradicação do Analfabetismo, Cruzada Nacional de Educação, Bandeira Paulista de Alfabetização*, mais tarde: *Campanha Nacional de Educação de Adultos* (1947) e *Movimento de Educação de Base* (1961). Antes mesmo de que o Estado tomasse a seu cargo a "tarefa de erradicar o analfabetismo" e realizar uma educação especial em estado de *missão* (como as tão importantes missões culturais do México), já, aqui e ali, várias de suas práticas pioneiras haviam sido exercidas por grupos e movimentos populares ou de intelectuais.

Portanto, surgida anos mais tarde, entre nomes e sugestões novos, em aparência, uma educação de adultos emerge sobre as cinzas dos primeiros trabalhos de educação de operários entre operários, sobre o sucesso relativo da luta pelo ensino público, e atualiza a multiplicação de práticas anteriores de campanhas pela alfabetização. O que uma internacionalização oficializante patrocinada pela UNESCO a partir dos anos 40 realiza não é a criação de uma nova maneira de a educação efetivar-se junto às camadas populares. O que ela consegue é a centralização, sob poder do Estado, de idéias projetos e práticas que rotinizam e alargam o poder de trabalhos pedagógicos anteriores. O que a educação de adultos faculta tornar-se legítimo é, muitas vezes, um controle maior de alternativas de trabalhos mais autônomos e contestadores. Estes são tempos em que *movimentos* viram *projetos* e um trabalho pedagógico militante desdobra-se numa rotina de planejamentos e relatórios.

Uma progressiva extensão do alcance da educação de adultos: do "cidadão integrado em seu meio", para a "comunidade promovida" e, daí, para a "sociedade transformada", não representa mais do que a diferenciação de um controle do imaginário e iniciativas das *classes populares*, em favor de discutíveis melhorias setoriais de vida das *comunidades populares*. Se os dados estatísticos não quiserem mentir, haverão de dizer que, salvo exceções notáveis, não se integrou sujeitos, não se promoveu comunidades e não se transformou a condição da vida popular, mas um poder autoritário ou populista descobriu novos nomes e novos meios de multiplicar o seu *poder* de presença na intimidade do cotidiano desta vida.

Sucedendo e, em alguns casos, ajudando a controlar movimentos autônomos de trabalho pedagógico do/com o povo, a educação de adultos foi um instrumento setorial de institucionalização de práticas antecedentes de educação *do, com* ou *para* o povo. Foi uma das maneiras de um setor embrionariamente militante de trabalho popular tornar-se, mais do que apenas oficial e legítimo, doméstico.

É sempre muito oportuno colocar lado a lado os escritos e os relatórios de diferentes práticas de educação com setores populares nos últimos 20 anos da América Latina. Aqueles que inicialmente constituem e, depois, anunciam variações e avanços de uma educação de adultos e de seus desdobramentos — *educação fundamental, alfabetização funcional, educação para o desenvolvimento de comunidades, educação não-formal* — são a evidência do que tenho chamado aqui de uma institucionalização centralizadora e rotinizante de trabalhos com comunidades populares através da educação. A linguagem é a de uma progressiva racionalidade empresarial, que institui a ordem e a previsão no trabalho e procura estabelecer e controlar os seus efeitos, como *metas* que, pré-definidas com antecedência, realizam-se sem ameaças de perdas de um domínio dos "promotores". Sob a aparência da necessidade de "ordem", "método", "previsão" e "rentabilidade", a educação de adultos trouxe para o terreno "da educação" o poder de uniformizar o diferente, de institucionalizar o movimento e de associar o *trabalho* político do programa, através da educação, a um flexível controle do trabalho político do educando através da educação.

Não é outra a razão pela qual, com algumas variações, este amplo modelo universal de trabalho educativo com os "deserdados da fortuna" tende a apresentar-se como um paradígma no ramo, que em tudo se transforma e de que todas as outras "experiências" são repetições ou variantes.

Assim, de meados da década de 40 em diante, um modelo diferenciável de educação de adultos irá apresentar-se como a forma legítima e institucional do trabalho educativo com os setores populares. Irá *apresentar-se*, nem sempre *existir*. Sobretudo a partir dos primeiros anos da década de 60, emergem, ao lado dos então desdobramentos da educação de adultos, outras propostas de educação. Propostas que, com moderação européia em um caso e com uma súbita radicalidade latino-americana no outro, representam um esforço pelo retorno da educação com as classes populares e, depois, de toda a educação à sua condição de *movimento*.

3. DIMENSÃO DUALISTA: EDUCAÇÃO DE ADULTOS X EDUCAÇÃO POPULAR

Em tipologias e histórias da *educação de adultos* nos vários países do continente, é comum que esta estranha *educação permanente* apareça como um momento ou um nome no processo de diferenciação e desdobramento da *educação de adultos*, do mesmo modo como, aqui e ali, se pensa a *educação popular* como uma modalidade apenas mais avançada de uma *educação não-formal*.

A *educação permanente* não é um desdobramento simples, ou um novo nome da educação de adultos. Ela surge como um movimento intelectual emergente que deseja a superação da educação de adultos através de um redimensionamento de toda a educação. Comecemos a pensar esta questão a partir de estranho reconhecimento. Ninguém melhor para introduzi-lo do que Pierre Furter, um europeu que foi na América Latina o principal ideólogo da educação permanente. Ao falar sobre a educação de adultos ele descobre que ela se define através daquilo que funda o seu não-ser. Para poder existir como *uma* educação ela se diferencia de *a* educação e se afirma por ser finalmente uma educação que não é.

Em vez de dizer *o que* a educação de adultos *é*, procuramos defini-la pelo que *não é*. Assim, falamos muitas vezes de educação *a*-sistemática, *não*-formal, *extra*-escolar, de "out school education" etc.[7] (os grifos são do autor).

Seis anos mais tarde, o educador Carlos Calvo volta à questão e conclui quase do mesmo modo.

"Agora, na escala axiológica da sociedade capitalista, a educação não-formal é menos do que a educação formal, posto que a primeira é concebida como 'complementar de', 'supletiva de', já que não tem valor em si mesma; pelo contrário, o saber que se lhe reconhece radica em que ela capacita, ou seja, em que é instrução e, não, educação. Em contrapartida, a educação formal 'vale' por si, porque prepara o homem integral, o cidadão."[8]

Ora, esta evidência que causa, às vezes, algum espanto ao pudor profissional, é a própria condição da realidade da educação de adultos. Ao diferenciar-se institucional, programática e pedagogicamente, como um tipo especializado de educação oferecida aos excluídos prematuros da escola, ela se afirma como aquilo que, existindo à margem do sistema escolar de educação, existe para suprir emergencialmente carências dos marginalizados, deste e de todos os outros sistemas da vida social. Ao lidar com um *menos* social, ela se torna um sinal igualmente negativo daquilo que é *a* educação. Excluídos da escola e defasados da educação, sujeitos das classes populares são para não serem regularmente educados, porque, em uma sociedade capitalista dependente, uma igualdade social de oportunidades de educação ameaçaria a necessidade política e econômica da desigualdade de oportunidades de participação na vida, no trabalho e no poder. Portanto, à margem da *a* educação que, na trajetória completa, forma *diferencialmente* trabalhadores, mediadores e senhores, a educação de adultos não pode realizar-se como uma espécie de plena educação especial dirigida a índios, lavradores e operários. Ela precisa ser uma educação não acidentalmente (porque o governo "não tem mais dinheiro

---

7. Pierre FURTER: "Da Luta contra o Analfabetismo ao Desenvolvimento Cultural" in: *Educação Permanente e Desenvolvimento*, op. cit., p. 177.

8. Ver Carlos CALVO M.: *Educación Informal y Processos Educativos Informales*, CREFAL, Pátzcuaro, 1982, p. 1.

para investir aí"), mas estruturalmente compensatória e, ao mesmo tempo, ocultadora de sua vocação de compensação atualizadora da desigualdade.

Em termos práticos, todas as críticas apenas listadas aqui apontam para a suspeita de que, sobretudo onde foi oficializada como o modelo pedagógico de uma *política de educação, a educação* de adultos realizou-se como estágio de emergência que re-socializou tardiamente o sujeito adulto popular não-escolarizado. Deu-lhe fragmentos de saber para que ele se converta em um cidadão *educado*, ainda que nunca *formado* pela educação e, muito menos, *transformado* através dela.[9] Não nos iludamos, tal como a extensão agrícola ou o desenvolvimento comunitário, a sua falta é a sua suficiência.

Por essas razões, alguns educadores preferem estabelecer, sobre este atributo essencial de *não-educação*, a diferença fundamental entre a *educação de adultos* e os modelos de educação que surgem como *movimentos de educação popular* e projetos de *educação permanente*. A diferença não está em uma cadeia de adjetivos opostos: bancária X libertadora, alienante X conscientizadora, vertical X horizontal. Está, primeiro, na vinculação institucional do projeto de educação que transforma em verbos os seus adjetivos de qualificação ideológica. Está, também, na maneira como, em função de tal vinculação, *um projeto de educação* se pensa como *a educação*. Como o trabalho político de transformar, no seu próprio interior, o trabalho e o poder do trabalho do educador.

Enquanto a *educação de adultos* é uma forma compensatória da necessidade de distribuição desigual do saber necessário, a *educação popular* quer ser um projeto radical, e a *educação permanente* quer ser um projeto moderado de re-significação política, pragmática e simbólica de toda a educação. Uma re-totalização do sentido do ato de educar a partir das classes populares e do trabalho popular de transformação da ordem social, pelo menos no caso da educação popular. A partir de um projeto de universalização humanista da educação e do homem educado, no caso da

9. "Estamos diante de uma educação recuperadora", dirá o educador chileno Juan Eduardo GARCIA Huidobro, juízo que, imagino, é também consensual entre nós. Op. cit., p. 17.

educação permanente. Porque são propostas ideológicas de "uma outra educação", ambas surgem, com poucos anos de diferença, como movimentos de superação da educação de adultos, não como um de seus desdobramentos. Surgem *contra*, portanto.

Pierre Furter estava no Nordeste do Brasil ao tempo em que Paulo Freire e sua equipe da Universidade Federal de Pernambuco e do Movimento de Cultura Popular do Recife faziam os primeiros desenhos de uma *educação libertadora*. Ele reconhece três etapas da educação permanente em sua curta história: 1ª. como processo contínuo de desenvolvimento individual; 2ª. como princípio gerador de um sistema de educação global; 3ª. como estratégia cultural no processo de um desenvolvimento integral.[10] É principalmente neste último sentido que o movimento original de educação permanente pretende re-totalizar tanto a educação quanto a própria cultura. Para ser permanente, ela precisa ser permanentemente universalizante, aberta, absolutamente democrática e, portanto, o oposto da educação compensatória de sujeitos adultos defasados. Precisa ser o ponto de partida de uma nova educação, capaz de participar da criação de uma nova cultura. Tal como nos primeiros escritos de Paulo Freire, feitos antes de 1964, ainda no Nordeste do Brasil, a educação permanente quer abarcar todos os níveis da educação, todas as suas dimensões de aplicação e todos os seus sujeitos. Estamos diante de um oposto da educação de adultos.

> A educação permanente não se limita à educação de adultos, mas ela compreende e unifica todas as etapas da educação: pré-primária, primária, secundária etc. Ela se esforça, então, por considerar a educação na sua totalidade...

---

10. Ver em Pierre FURTER: "A Educação Permanente na Perspectiva do Desenvolvimento Cultural" in: *Educação Permanente e Desenvolvimento Cultural*, op. cit., p. 112 e 150. É interessante notar que no mesmo número da revista da Universidade Federal de Pernambuco, *Estudos Universitários* (nº 4 abril-junho 1963) onde pela primeira vez aparecem reunidos artigos pioneiros de Paulo Freire e alguns membros de sua equipe — Jarbas Maciel Jomard Muniz de Britto, Aurenice Cardoso — Pierre Furter, mais tarde ideólogo da educação permanente, publica o seu: Alfabetização e Cultura Popular na Politização do Nordeste Brasileiro.

A educação permanente compreende simultaneamente as modalidades formais e não-formais. Ela engloba a aprendizagem planificada bem como a acidental.[11]

Tal como foi originalmente pensado o projeto da educação permanente nunca se realizou. O seu movimento, criado por educadores e outros intelectuais europeus e provisoriamente incentivado por alguns latino-americanos, não logrou concretizar sequer uma experiência duradoura que desse forma às suas idéias. O fato de que tenha sido trazido ao Brasil, por exemplo, poucos anos depois do golpe militar e, por conseqüência, pouco depois dos movimentos de cultura e educação popular, sugere a possibilidade de que, pelo menos na conjuntura brasileira de então, a educação permanente fosse, ao mesmo tempo, um projeto de superação da educação de adultos e uma estratégia de substituição da educação popular, cujo próprio nome não podia ser pronunciado no Brasil sem riscos, a partir de 1968.

Enquanto uma educação de adultos gerou, as três últimas décadas, idéias e desdobramentos de nomes, métodos e propostas que garantiam a sua vigência e atualizavam uma aparência de permanente renovação, uma educação popular irrompeu como um movimento. Em alguns momentos de alguns países, como um movimento clandestino de educadores. Este fato não deve ser esquecido.

Por exemplo, a idéia de que no interior de um espaço consagrado e institucional de educação compensatória surge uma experiência pedagógica crítica, onde a antecedente é alienante; definidamente política e progressivamente classista, onde a antecedente é difusamente "social" e se afirma como um meio de compreensão entre todos na sociedade; pedagogicamente horizontal e dialógica, onde a antecedente é vertical e controladora; libertadora, onde a educação escolar rotineira e a educação compensatória de adultos estão por vezes associadas à opressão. A educação popular surge à margem da educação de adultos e, aos poucos, afirma-se contra ela, com um vigor que as idéias da educação permanente nunca souberam conduzir. Vários estudos atuais reconhecem momentos de radicalidade de uma oposição que falo aqui. Uma oposição que tempos de paz querem reduzir,

11. Bertrand SCHWARTZ, apud: L'Education contre L'Education, de Moacyr GADOTTI, FPSE, Genebra, 1977, anexo da tese, pp. 51 e 52.

mas que os "dias difíceis" repetidas vezes acentuam em vários países do continente.

Na margem esquerda de um trabalho institucional de *educação para o povo*, a *educação popular* irrompe como um movimento primeiro de renovação e, depois, de revolução do saber e de transformação do mundo através do poder de um saber popular.[12]

O lugar social que gera a educação popular na década de 60 *é* o dos movimentos e centros militantes de educação e cultura: Movimento de Cultura Popular, Movimento de Educação de Base, Centro Popular de Cultura. Creio que assim terá acontecido em outros países do continente, onde o primeiro poder de estado que realiza nacionalmente uma educação popular — depois de Cuba, por outros caminhos — é de tendência socialista e acaba sendo deposto pouco tempo depois de constituído. Oscilando entre a vocação populista e um compromisso de classe, a educação popular pretende significar não apenas uma forma avançada de educação do povo, mas um movimento pedagógico e, depois, um movimento popular que incorpora um movimento pedagógico. Logo, uma proposta política através da educação que é a negação da educação de adultos, assim como é a negação do sistema institucional de educação que gera e afirma a educação de adultos.

Esta última possivelmente será a diferença fundamental entre o imaginário da educação popular na década de 60 e a dos dias de hoje. Entre estudantes, intelectuais universitários e homens de militância partidária ou "de igreja", a educação popular emerge como um projeto próprio, como um movimento que resiste a ser apropriado pelo poder que gera e reproduz contemporaneamente a educação de adultos. Hoje, a educação popular afirma-se como uma prática

---

12. Voltemos por um momento a Juan Eduardo GARCIA Huidobro. Ele toma partido, trabalhando uma oposição que nos acompanhará aqui todo o tempo, da seguinte maneira:

(O autor) "refuta a educação de adultos que tem a sua base na teoria da marginalidade, por ser 'integradora' ou 'recuperadora' de pessoas marginalizadas através de programas de 'promoção popular', 'desenvolvimento comunitário' ou 'extensão agrícola', sem considerar essa situação de marginalidade como produto direto da relação sócio-econômica e de um tipo atual de desenvolvimento... o desafio atual ou a opção do autor é a denominada 'educação popular' que tem sua base teórica na proposta de 'educação libertadora' de Paulo Freire". Op. cit., p. 1.

militante cuja base de referência são os *movimentos sociais* de vinculação popular e os próprios *movimentos populares.*[13]

Neste sentido, dos anos 60 para cá a educação popular: 1º. propõe inicialmente uma teoria renovadora de relações homem-sociedade-cultura-educação e uma pedagogia que pretende fundar, a partir do seu exercício em todos os níveis e modalidades da prática pedagógica, justamente, uma nova educação, uma "educação libertadora"; 2º. realiza-se no domínio específico da educação com adultos das classes populares, a partir de onde, pouco a pouco, se define como um trabalho político de libertação popular, através também da educação e dos efeitos de um trabalho conscientizador com sujeitos, grupos e movimentos das classes populares; 3º. afasta-se de ser apenas uma atividade de *escolarização popular* (por exemplo, de "alfabetização" e "pós-alfabetização") e busca meios de ser toda e qualquer prática de agentes eruditos "comprometidos" e sujeitos populares, onde há qualquer tipo sistemático de intercâmbio de saber, a partir das próprias práticas sociais populares; 4º. perde a sua característica original de movimento emergente de educadores e se redefine como um trabalho político de mediação a serviço de projetos, sujeitos e movimentos populares de classe ou, então, movimentos tendentes a isto. A possibilidade histórica da construção de uma nova hegemonia no interior da sociedade capitalista dependente é o horizonte da educação popular. A viabilidade de que, a partir de um efeito de acumulação *popular de saber* (o que é diferente de acumulação de *saber popular*), venha a realizar-se uma transformação da ordem da vida social popular é o horizonte que se avista ao horizonte da educação popular. Por tudo isto, oposta a ser uma expressão do desdobramento teórico e técnico da educação de adultos, a educação popular é o seu momento de ruptura.

Este é o lugar da passagem de uma *educação para o povo,* a uma *educação que o povo cria,* ao transitar de sujeito econômico a sujeito político e ao se reapropriar de um modelo de educação para fazê-la ser *a* educação do seu projeto histórico.

---

13. "Por *movimento popular* entendemos todas as formas de mobilização e organização de pessoas das classes populares diretamente vinculadas ao processo produtivo, tanto na cidade quanto no campo", *Documento de São Bernardo,* in: *Presença,* CEDI, Rio de Janeiro, 1980.

Assim, a educação popular é a negação da negação. É a negação de uma educação dirigida às camadas populares ser uma forma compensatória que consagra a necessidade política de manter sujeitos populares fora do alcance de uma verdadeira educação. É, portanto, a afirmação, não apenas da possibilidade da emergência de uma educação para o povo — o que implicaria a reprodução legitimada de duas educações, condição da desigualdade —, mas da necessidade de transformação de todo o projeto de educação a partir do ponto de vista do trabalho popular.[14]

Eis um desenho que imperfeitamente pretende figurar o que foi dito até aqui. Leia nele as setas contínuas como uma relação de derivação ou de continuidade. Leia as setas cortadas como uma relação de ruptura. Nas letras maiúsculas leia os modelos de educação via de regra existentes como *instituição* (tornada uma estrutura estabelecida, hegemônica, em seu campo, e afirmada como legítima) e, nas letras minúsculas, leia modelos de educação em estado de *movimento pedagógico,* ou de *movimento político* de expressão também pedagógica (intencionada como trabalho de ruptura com modelos institucionalizados e suas fontes de origem). Há três setas sem nomes. Procure-as no capítulo seguinte.

Busquemos uma síntese. Em diferentes conjunturas do continente, a atividade educativa com setores populares parece realizar-se no tempo através de surgimentos de modelos diferenciados e de oposições contínuas entre alguns deles: 1º. quanto à sua condição social de existência (instituição consagrada X movimento emergente); 2º quanto à dimensão proposta ou oculta do projeto pedagógico (educação compensatória X retotalização da educação); 3º. quanto ao lugar político do projeto no interior da questão das

14. Uma exemplar síntese dos objetivos de realização da educação popular foi elaborada por dois educadores chilenos.

1. "A educação popular busca a criação de uma nova hegemonia; 2. a educação popular tem o seu ponto de partida na cultura popular que, em que pese possuir núcleos dinâmicos, é uma cultura dominada; 3. a educação popular busca a constituição do povo como sujeito político, o que supõe o trânsito de classe econômica para classe política; 4. a educação popular estabelece um tipo de relação pedagógica entre educadores e educandos que, evitando a manipulação, promove a direção consciente e a vontade coletiva". Juan Eduardo GARCIA Huidobro e Sergio MARTINIC: "Educación Popular en Chile — algunas proposiciones básicas" in: ECO — Educación y Sociedad, 1. *La Educación Popular en Chile Hoy,* abril, 1983.

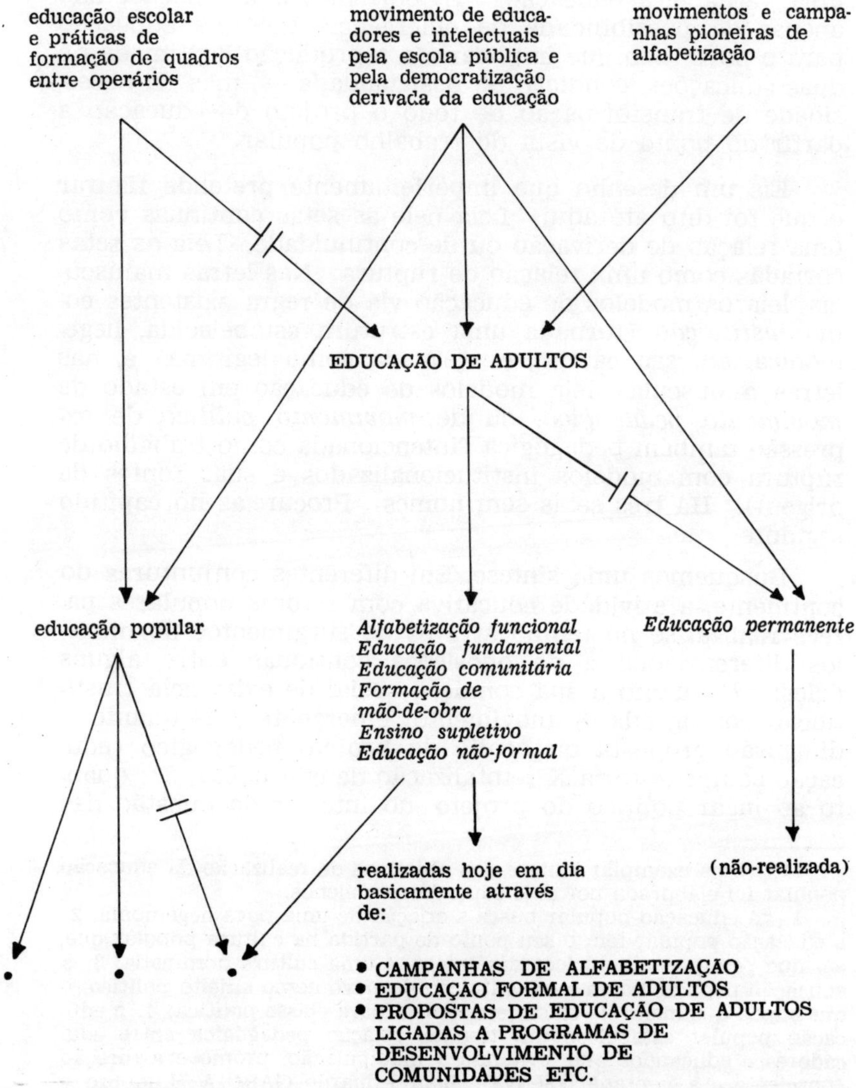
educação escolar e práticas de formação de quadros entre operários
movimento de educadores e intelectuais pela escola pública e pela democratização derivada da educação
movimentos e campanhas pioneiras de alfabetização
EDUCAÇÃO DE ADULTOS
educação popular
Alfabetização funcional
Educação fundamental
Educação comunitária
Formação de mão-de-obra
Ensino supletivo
Educação não-formal
Educação permanente
realizadas hoje em dia basicamente através de:
(não-realizada)
• CAMPANHAS DE ALFABETIZAÇÃO
• EDUCAÇÃO FORMAL DE ADULTOS
• PROPOSTAS DE EDUCAÇÃO DE ADULTOS LIGADAS A PROGRAMAS DE DESENVOLVIMENTO DE COMUNIDADES ETC.

relações entre classes (controle do trabalho pedagógico por uma agência de mediação + integração via "promoção" das classes populares em uma ordem social estruturalmente preservada sob condições desenvolvidas X controle do trabalho pedagógico progressivamente pelos movimentos populares + participação dirigente das classes populares no processo de transformação social como realização de seu projeto histórico).

Uma primeira forma de rotinização institucionalizante surge sob o patrocínio da soma de uma instituição internacional com governos nacionais (alguns deles francamente autoritários) no continente. Ela se constitui como paradigma teórico e como instituição de realização prática de um modelo de educação de adultos. Surge após a existência antecedente de movimentos pela realização de uma educação de classe, ou pela extensão da educação às camadas populares.

Como ruptura moderada em uma direção e como ruptura radical em outra, emergem posteriormente dois modelos alternativos e contestatórios do paradigma instituído. A impossibilidade teórica e prática de realização de um dos modelos no continente, coloca frente a frente a *educação de adultos* — como modo de educação para o povo, institucionalizado como legítimo — e a educação popular — como um modo alternativo de educação das classes populares.[15]

Pelo menos no caso brasileiro, há hoje em dia uma recusa formal de setores da educação institucionalizada em considerarem a existência alternativa daquilo que denominam como "experiências radicais" da educação popular. Esta recusa política do que não pode ser incorporado a projetos oficiais e equivalentes, acompanha-se de um permanente trabalho — conduzido, é preciso dizê-lo, sob as mais variadas intenções políticas e simbólicas — de aproximação, identificação e cooptação de idéias, propostas e práticas "incorporáveis" da educação popular à educação de adultos. Este é o processo pelo qual formas hegemônicas de trabalho so-

---

15. A não-realização do projeto intelectual da educação permanente não impediu que o seu vocabulário deixasse heranças na educação de adultos. O Projeto Principal de Educação na América Latina e no Caribe, elaborado pela UNESCO, diz o seguinte: "Promover a formação integral, harmônica e permanente do homem, com orientação humanista, democrática, nacional, crítica e criadora, aberta a todas as correntes do pensamento universal". UNESCO, Projeto Principal... Santiago, 1981.

cial ilegitimam modelos antagônicos, concorrentes e não-assimiláveis, na mesma medida em que buscam recriar os termos de sua própria legitimidade com a incorporação semântica, simbólica e prática dos "elementos aproveitáveis" de um modelo concorrente, o da *educação popular*.[16]

De sua parte, os setores de trabalho pedagógico militante que fazem de uma declarada educação popular a sua prática política, realizam, através dela, uma oposição não só à educação de adultos e a atividades equivalentes de mediação entre classes em outros setores (saúde, comunicação, desenvolvimento rural integrado), como também a todo o projeto educativo hegemônico. No entanto, há sempre espaço para a articulação de elementos entre um modelo e outro, de modo que, na realidade, uma oposição simples do tipo *educação de adultos X educação popular* engendra, em sua própria dinâmica, a possibilidade de outros elementos, ou mesmo de outros modelos.

4. A DIMENSÃO DIALÉTICA: EDUCAÇÃO DE ADULTOS + EDUCAÇÃO PARTICIPANTE X EDUCAÇÃO POPULAR

Porque motivo, ao representarem as alternativas atuais de "educação dirigida aos setores populares", quase todos os que estudaram a questão sugerem trilogias, ou tipologias de 5 elementos redutíveis a 3? Cito exemplos, escolhendo-os dos documentos que li ultimamente.

Michel Seguier anota três tendências de educação com setores populares: a *normalizadora,* que se identifica com as formas atuais de educação de adultos; a *espontânea,* que gera propostas do tipo "contracultura" ou "antieducação"; a *dialética,* que associa a revolução cultural e a autogestão à conscientização proporcionada por uma educação libertadora que incorpore a utilização crítica de instrumentos científicos de análise e de criatividade.[17]

---

16. É muito importante notar como, aqui e ali, as idéias, as propostas de realização e mesmo o método de alfabetização de Paulo Freire são incorporados, sem as suas conseqüências libertárias insistentemente defendidas pelo educador brasileiro, a trabalhos de educação de adultos, inclusive aqueles promovidos por entidades patronais.

17. Michel SEGUIER: *Critica Institucional y Criatividad Colectiva,* INODEP, México, 1976, p. 21.

De maneira equivalente, o educador chileno Francisco Vio Grossi reconhece a existência atual de uma educação com enfoque *culturalista*, outra com um enfoque *tecnocrático* e, finalmente, uma outra com o enfoque da *educação popular.*[18]

Alfonzo Lizarzaburu, peruano, estabelece também três "paradigmas educativos": a *educação como formação de recursos humanos*, de que os exemplos que cita são a extensão agrícola e a educação associada à variedade de programas de desenvolvimento comunitário; a *educação como participação* e a *educação popular.*[19]

Luis Eduardo Wanderley, brasileiro, amplia em sua tipologia a idéia original de educação popular, de modo a que ela abarque aquilo que em outros autores existe como paradigma diverso e/ou oposto à *educação popular*. Ele reconhece: a) uma *educação popular de orientação de integração*, que "engloba as experiências cuja ideologia se expressava no desejo de obtenção de uma 'democracia' através da educação para todos, de educação permanente para o desenvolvimento e de extensão dos direitos de cidadania e seus correspondentes deveres"; b) *uma educação popular com orientação nacional-populista*, que "congrega as experiências do período populista, caracterizado pela ideologia nacional-desenvolvimentista, onde governos, partidos e movimentos políticos mobilizaram setores das classes populares e setores modernos das classes dominantes, na luta, principalmente, pela industrialização e por uma participação ampliada das classes populares nas esferas social, econômica e política"; c) uma *educação popular com orientação de libertação* que, por sua vez, "compreende as experiências que, com maior ou menos consciência de seus agentes, objetivaram articular as potencialidades do povo e valorizá-las como eixo central em suas atividades educativas, tentaram uma crescente identificação com o povo e sua realidade cotidiana e forneceram meios para que o próprio povo se autopromovesse e auto-sustentasse".[20]

---

18. Francisco VIO GROSSI: *Investigación en Educación de Adultos en América Latina*, UNESCO, Santiago, 1982.

19. Alfonzo LIZARZABURU, *La Formación de Promotores de Base en Procesos de Alfabetización*, UNESCO, Santiago, 1981.

20. Luis Eduardo WANDERLEY: "Apontamentos sobre Educação Popular", in: *Cultura do Povo*, Ed. Cortez e Moraes/EDUC, São Paulo, 1979, pp. 71-73.

Finalmente, ao investigar a proposta e a prática de movimentos de educação popular no continente, Juan Eduardo Garcia Huidobro, chileno, estabelece as seguintes cinco "orientações disjuntivas": 1ª foco sobre a memória histórica, a identidade coletiva e a dinamização cultural; 2ª foco sobre a possibilidade de síntese entre a capacitação lógica segundo termos capitalistas e a valorização da cultura popular; 3ª foco sobre a participação comunitária e a "confiança em si mesmo"; 4ª foco sobre as possibilidades da auto-educação popular; 5ª foco sobre a construção da organização popular e fortalecimento do poder popular.[21]

Feitas as contas, leitor, estamos diante de nominações diferentes de um possível mesmo fenômeno. Existindo no interior de sociedades desiguais, idéias e práticas de trabalhos de produção e distribuição de saber agenciado de algum modo precisam se colocar do ponto de vista de um projeto histórico de classe, na mediação entre elas. Precisam definir: em nome de que poder falam; que lugar reservam aos sujeitos populares a quem se dirigem (submissão, participação ou direção); que projeto histórico associam ao seu projeto pedagógico.

Tudo parece apontar a uma divisão de três modelos não necessariamente concorrentes todos com todos e, portanto, não só não necessariamente excludentes, mas até, pelo contrário, indispensáveis uns à existência dos outros, já que expressam, na dimensão de uma prática social chamada *educação,* divisões sociais constitutivas de *modos de educação*:

1º) *Educação de adultos* = qualificação de força de trabalho subalterno; formação cívica do cidadão popular; integração do indivíduo em uma ordem social a ser preservada.

2º) *Educação da comunidade* — formação de quadros de subalternos ativos em projetos e processos de mudanças qualitativas da vida social a nível comunitário; preparação crítica e criativa de sujeitos subalternos na vida social e política de uma sociedade a ser democraticamente desenvolvida no interior de um sistema de relações de bens, trabalho e poder não alterado substantivamente.

3º) *Educação Popular* = participação de uma educação libertadora nos movimentos sociais de orientação

21. Juan Eduardo GARCIA Huidobro, *La Relación Educativa em Proyectos de Educación Popular,* CIDE, Santiago, 1982, p. 48.

popular e nos movimentos populares de libertação; conscientização etc., do militante popular constituído como *sujeito* e *classe* de condução de transformações sociais de alteração estrutural do sistema vigente.

Se existe um indicador direto de diferenças, ele é o tipo de acumulação de poder, através da acumulação de saber, a que o trabalho do educador serve. Este é o sentido em que a *educação de adultos tem* sido, entre nós, tomada como um meio simbólico de reprodução de um poder dominante. É também o sentido pelo qual a *educação popular* se define como um trabalho pedagógico de construção de uma hegemonia popular.

Se este ponto pode ser, afinal, tomado como base de uma reflexão que possa nos servir de indicador de diferenças fundamentais, seria possível imaginar que temos hoje em dia estas três alternativas de modelos de educação com as classes populares:

1º) modelos de educação produtores de "benefícios do saber escolar" (alfabetização, supletivo etc), associados direta ou indiretamente a agências mediadoras de controle do trabalho de organização popular.

2º) Modelos de educação associados direta ou indiretamente ao trabalho político dos movimentos populares de libertação social através da construção histórica de uma nova hegemonia.[22]

3º) Modelos de educação tornados expressão de todo um sistema de trabalho educacional em sociedades transformadas através do trabalho político das classes populares.[23]

---

22. Assim, por exemplo, em um recente documento chileno: "... estamos diante de atividades de *educação popular* quando, independentemente do nome que levem, se está vinculando a aquisição de um saber (que pode ser muito particular, ou específico) com um projeto social transformador". (S. indicação do autor). *La Educación Popular Hoy en Chile*, ECO, op. cit., p. 6.

23. Por isso, autoridades representantes do poder popular na Nicarágua podem estabelecer estas relações: "É preciso que a Nicarágua inteira se converta em uma grande escola de educação popular. Uma escola permanente, que não cesse nunca, que não perca jamais seu impulso, nem seu entusiasmo, nem seu fervor" (Sergio Ramírez). "Nossa meta é que a Nicarágua inteira se converta em uma grande escola das classes populares, cujo texto seja a prática cotidiana na revolução, em seus programas produtivos, sociais, políticos, culturais e ideológicos" (Francisco Lacayo).

E o que pensar daquela "forma de educação" sempre presente entre alternativas opostas? Ela não é, em suas múltiplas variações, um termo intermediário "entre dois opostos". Ela é a permanente resultante do processo que descrevi algumas páginas atrás. Constituída com freqüência por setores liberais da sociedade de classes, ela é o espaço de afirmação da oposição necessária entre dois projetos pedagógicos politicamente antagônicos. Desde o ponto de vista da tipologia que afinal não escapei de realizar, ela se afirma como o modo mais avançado da educação de adultos e, por conseqüência, pode tender a opor-se às conseqüências finais da educação popular, como também, dependendo da conjuntura, pode ser uma modalidade auxiliar de seu trabalho.

Assim, o desenho anterior poderia completar-se da seguinte maneira:

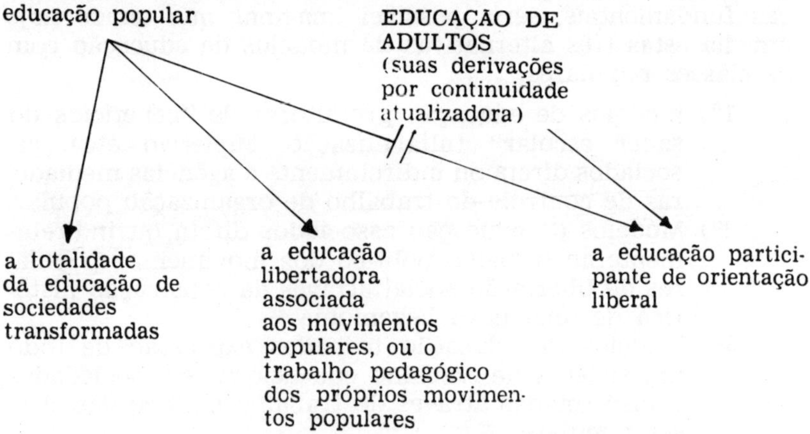

5. O CAMPO PEDAGÓGICO DO TRABALHO POLÍTICO COM AS CLASSES POPULARES

Existe uma realidade que classificações tipológicas de paradigmas da educação resistem em ver ou, pelo menos, em denunciar. Modelos educativos não se sucedem como quadros em uma exposição. Eles são constituídos, emergem, ocupam espaços, realizam práticas, disseminam idéias, produzem efeitos, transformam-se, estabelecem alianças, entram em conflito, concorrem, agonizam, morrem, às vezes ressuscitam. A um momento podem ser um movimento emergente e contestador do que existe estabelecido. Em um momento seguinte podem substituir, como forma de poder no interior de um campo de relações de educação, formas anteriormente instituídas e podem se tornar eles próprios uma nova instituição hegemônica. Novas formas emergentes surgirão e estabelecerão com a antecedente novas relações de concorrência entre a instituição e o movimento.

Todos sabemos que governos autoritários reprimem formas libertárias de educação, controlam formas participantes e patrocinam experiências controladoras. Sabemos, também, que processos de "abertura democrática", associados a imperativos de industrialização e desenvolvimento, desconfiam de modelos educativos autoritários, patrocinam os participantes e toleram os libertários, dentro de limites. Sabemos, do mesmo modo, que a emergência da *educação popular,* no Brasil, resultou de fatores econômicos conhecidos, associados a um período de hegemonia populista. Somemos a afirmações conhecidas deste tipo algumas idéias, cujo único risco será, por certo, o de exagerarem um pouco um exercício de imaginação sociológica. Já que sobre o nosso assunto quase tudo foi dito tantas vezes, ousemos colocar em questão outras idéias.

1. A história da educação dirigida a setores populares na América Latina não é linear. Formas, modelos e agências de produção-difusão de idéias, propostas e práticas não se sucedem ordenada e definitivamente. Ao contrário, sobretudo nas formações sociais mais complexas, todas as possibilidades são permanentemente atualizadas. A um mesmo momento, em uma mesma nação, modelos supostamente *ultrapassados* de educação coexistem com modelos *hegemônicos* e com modelos *emergentes.* Velhas campanhas de alfabetização dos começos do século podem, a todo momento, re-emergir do silêncio. Podem até mesmo tornarem-se um trabalho de educação de massas que participa das ações políticas de fortalecimento de uma revolução popular, como recém acaba de ocorrer na Nicarágua.[24]
2. Ao contrário do que algumas classificações históricas fazem supor, a dinâmica das relações entre os diferentes modelos não se realiza pela supera-

24. Retomo aqui, amplio e aprofundo algumas suposições escritas em um documento anterior: "Educação Alternativa na Sociedade Autoritária", um dos artigos de *O Ardil da Ordem,* Ed. Papirus. Campinas, 1983.

ção pura e simples de uma tendência ou duas, com a produção de uma nova hegemonia educativa. Na verdade, o que parece fazer a dinâmica deste campo de práticas sociais de mediação é a coexistência de modelos *tradicionais* (como o trabalho noturno e escolar de freiras que há séculos alfabetizam), *hegemônicos* (as formas institucionalizadas e oficialmente tidas por legítimas, de que falei aqui o tempo todo) e *emergentes* (a educação popular de várias pequenas experiências brasileiras e a educação popular na Nicarágua de hoje).

3. O trabalho pedagógico agenciado existe no interior de um campo político de relações que se expressam através de práticas sociais e simbólicas de reprodução do saber. Determinado por fatores de ordem política e econômica conhecidos, este *campo de relações de poder e expressão de trabalho* diferencia formas e princípios sociais de articulação dos seus elementos. Diferentes agências concretas de trabalho educativo, associadas a diferentes fontes de poder-e-serviço (o estado federal, um governo estadual de oposição, um setor avançado da igreja católica, um movimento de professores universitários, um movimento de estudantes, uma agência patronal de educação de operários, uma associação civil de educadores militantes, uma associação de moradores de periferia, um sindicato operário), ocupam espaços no interior deste campo de relações; estabelecem articulações com outras práticas e, em alguns casos, podem integrar-se em domínios de práticas mais abrangentes, ou submeterem o seu trabalho ao delas (como o caso da "educação no desenvolvimento rural integrado"); estabelecem transações de poder político e simbólico, que vão da aliança estreita à oposição declarada; exercem, umas sobre as outras, relações de concorrência por hegemonia, por participação no monopólio do trabalho de educar, de expropriação, ou de apropriação (uma entidade patronal patrocina "cursos de método Paulo Freire"). "Se é possível afirmar, com Gramsci, que cada tipo de agência intelectual de mediação aspira realizar o projeto ideológico de seu interesse de origem, é possível imaginar com Weber que o interesse real de cada tipo de agência de trabalho com

as classes populares é também o de ocupar e tornar legítimo o seu espaço e o seu estilo de ação pedagógica, em nome dos interesses políticos dos seus pólos de origem (elitização, participação, socialização), independentemente dos seus efeitos junto a sujeitos, grupos e comunidades populares onde atuem".[25]

4. Neste sentido, a evidente pobreza de resultados efetivos dos trabalhos consagrados de educação e realizados pelas agências institucionalizadas e hegemônicas, permite supor que elas, em verdade, cumprem uma função política que a ação educativa oculta. Não falo aqui da costumeira idéia do controle de pessoas, grupos e comunidades populares através da difusão de idéias "alienantes" e domesticadoras. Falo da ocupação hegemônica e legitimada de espaços possíveis de trabalho coletivo, o que permite a sistemas de poder ilegitimar práticas alternativas e apresentar as suas como as únicas confiáveis ou, em casos-limites, as únicas permitidas, independentemente dos seus resultados pedagógicos e/ou sociais.

5. No entanto, as contradições internas do campo pedagógico, associadas à conjunção entre interesses de setores avançados das classes populares em participarem de experiências de recriação de saber compatíveis com sua prática política e a vocação política de intelectuais militantes de participarem de tais experiências, propicia o permanente surgimento de formas emergentes (mais do que alternativas) de educações libertárias. Esta oposição que a história recente repete e diferencia em cada conjuntura da América Latina é, hoje, a relação fundamental da própria dinâmica do campo pedagógico no domínio da mediação junto às classes populares.

6. Enquanto a forma própria de trabalho pedagógico da educação de adultos é a instituição hegemônica e a agência — civil ou governamental — legitimada pelo poder constituído, a forma própria da educação popular é o movimento emergente de contestação. Um aspecto importante e muito pou-

---

25. *O Ardil da Ordem*, op. cit., p. 112.

co levado em conta entre nós é que, se uma das direções da tão conhecida oposição entre as duas educações é dirigida para fora do campo pedagógico (para o poder de classe de sua constituição e para o projeto de classe de sua realização), uma outra direção é voltada para dentro do campo pedagógico, e se trava no confronto permanente entre *instituição consagrada* e *movimento emergente*. Algo cujo equivalente religioso é o conflito entre o profeta e o sacerdote, entre a seita contestadora e a igreja consagrada.

7. Em termos das implicações internas à dinâmica do campo de relações pedagógicas, uma das estratégias do modelo oficial-hegemônico é a aproximação da forma e dos fins dos movimentos emergentes através da constituição de "formas avançadas de educação de adultos", de que o modelo aparentemente mais usual hoje, no continente, é o que chamei aqui de *educação participante*, ou *educação da comunidade*. Esta é apenas uma das razões pelas quais as tipologias de descrição de uma trajetória, ou de um momento da educação com setores populares na América Latina, dificilmente escapa de pensar o real como uma trilogia de paradigmas. O importante é o fato de que, frente à definição da realização de um poder popular como projeto histórico das classes subalternas, o que existe é uma duplicação sempre recriada de uma oposição fundamental, que, variando de um contexto para o outro, pode ser simplificada assim: *educação de adultos* + *educação participante* X *educação popular*

8. O principal acontecimento verificado nos últimos anos no interior do domínio político considerado aqui, é que a *educação popular* transitou de um modelo emergente de educação, com o ponto de referência em si mesmo, para uma prática emergente cujo ponto de referência é o *movimento popular*. Este fato fundamental alterou bastante o teor das transações do campo pedagógico setorial. Usando aparentemente a mesma lógica e falando com as mesmas palavras ("conscientização", "educação crítica e criativa", "participação", "transformação"), a *educação de adultos* tem o seu princí-

pio operacional no indivíduo subalterno, e o seu fim estratégico na comunidade. A *educação popular* tem o seu princípio operacional na comunidade popular (como o lugar social de realização do povo) e o seu fim estratégico no movimento popular (como o lugar político de realização das classes populares). Este é o ponto da disjunção. Enquanto para a *educação de adultos* e suas variantes o sentido do trabalho pedagógico é o reverter o trabalho político do movimento popular em trabalho social da comunidade local; para a *educação popular* e suas variantes o sentido do trabalho pedagógico é converter o trabalho social da comunidade local (onde habita o movimento social de comunidade) em movimento popular de dimensão política. É, também, servir à trajetória dos frutos de tal conversão. O movimento popular é a *dinâmica* da educação popular e é o *dilema* da educação de adultos.

9. O que dá sentido político à *educação popular* é a sua capacidade de não só comprometer-se como uma dimensão pedagógica de produção-circulação do saber necessário com os movimentos populares, mas a de reproduzir-se, ela própria, como um movimento pedagógico. Melhor ainda, como um movimento político de expressão pedagógica. Tudo isso junto permite acreditar que, mais do que um *programa*, a educação popular é uma *presença*. É a possibilidade de a educação ser não apenas comprometida e militante, ou ser não apenas participante e libertadora, mas ser, ela própria, uma mobilizada antecipação da libertação. Um trabalho educativo que antes de lograr realizar aquilo de que participa, luta por realizar em si mesma aquilo que sonha concretizar no horizonte da vida social.

10. Este é o sentido em que uma outra diferença fundamental entre os projetos e modelos opostos da educação dirigida às classes populares deve ser considerada. A educação de adultos é sempre e irrevogavelmente a educação do *outro*, e esta alteridade não só consagra a sua dimensão dominante de mediação, como funda o seu próprio sentido. Instrumento de reprodução da desigualdade, ela

> funda o seu ser na reprodução da diferença entre o lado do educador e o lado do educando, entre a fonte de poder a que serve e o sujeito popular que controla, parecendo servir. A educação de adultos sonha fazer do sujeito popular um *outro* educado; um sujeito à imagem do educador, desde que uma imagem subalterna e domesticada.

O projeto da educação popular pretende reduzir e eliminar a alteridade constitutiva da educação de adultos. Não porque o educador venha a "ser como o povo", o que é uma questão quase sempre de teatro. Mas pelo fato radical de que, no seu limite de realização, a educação popular passa a se constituir como uma das dimensões da própria prática social popular. Neste sentido, ainda, ela não é tão-somente "um instrumento a serviço do povo". Ela torna-se uma *sua prática* — uma plena educação *popular* — de que educadores militantes participam como assessores. Torna-se um trabalho popular de produção do saber coletivo da classe e perde, portanto, a sua dimensão de ser instrumentalmente "para": para conscientizar, para mobilizar, para organizar. Ao contrário, a conscientização, a mobilização e a organização populares, como expressões de sua prática orgânica, constituem uma forma limite de *educação popular,* de que o educador militante é chamado a participar. Passa a ser em si mesma e através de si mesma uma dimensão do trabalho político popular que resulta em acumulação do saber de classe (da tão necessária passagem interna de um saber tradicional do povo para um saber orgânico de uma classe popular). Conseqüentemente, resulta em acumulação de poder popular através do seu próprio saber. Torna-se um trabalho político que se exerce coletivamente no domínio do conhecimento popular.

Isto é o limite da *educação popular* na sociedade de classes. Na sociedade transformada, esta dimensão se amplia e, como vimos algumas páginas atrás, toda uma educação nacional se redimensiona e retotaliza como uma forma enfim libertada de educação popular.